상상의집

역사 왔수다 2

글 최설희 | 그림 이진우 | 감수 김일규
찍은날 2014년 2월 24일 초판 1쇄 | 펴낸날 2014년 6월 25일 초판 2쇄
펴낸이 김상수 | 기획 · 편집 고여주, 위혜정 | 디자인 정진희, 김수진 | 영업 · 마케팅 황형석, 장재혁
펴낸곳 루크하우스 | 주소 서울시 성동구 성수 2가 3동 277-58 성수빌딩 311호 | 전화 02)468-5057~8 | 팩스 02)468-5051
출판등록 2010년 12월 15일 제2010-59호
www.lukhouse.com   cafe.naver.com/lukhouse

© 최설희 2014

ISBN 979-11-5568-027-8 64910
ISBN 979-11-5568-025-4 64910 (set)

※ 잘못된 책은 구입처에서 바꾸어 드립니다.
※ 값은 뒷표지에 있습니다.

상상의집은 (주)루크하우스의 아동출판 브랜드입니다.

설화로 읽는 유명한 한국사 이야기

발해부터
고려까지

2

역사 왔었수다
what ?

역사는 '이야기'다!

역사가 무엇인지 말한 사람들은 무척 많습니다. 우리보다 먼저 살아간 사람들의 기록이 역사이지요. 역사를 현재와 과거의 대화라고 말한 사람도 있습니다. 우리가 사는 오늘은 모두 과거의 일들과 관계를 맺고 있기 때문입니다. 과거를 통해서 오늘을 배우고, 또 내일을 위해서 무엇을 해야 할 지 생각해볼 수 있습니다.

그런데 더 간단하게 '역사는 이야기다'라고도 말할 수 있습니다. 역사를 처음 만나는 어린이들에게는 이편이 더 좋은 접근일 것입니다. 우리가 좋아하는 옛날이야기처럼 예전에 있었던 신나는 이야기, 즐거운 이야기, 슬픈 이야기들이 역사라고 생각하는 것입니다. 역사를 이야기로 생각하면 어려운 역사 인물들도 이야기 속 주인공이 되고, 역사적 배경도 이야기의 배경이 되어 한결 수월해지지요.

이야기가 된 역사는 이렇게 생생한 조각이 되어 마음속에 살아 있게 됩니다. 이후 전체 역사를 배우면서 역사의 줄기에 이런 조각들을 이어가면 역사에 대한 예쁜 조각보가 됩니다. 만약 전체 역사부터 한국사를 배운다면 외워야 할 용어나 사건으로 느껴졌을 일들도 이야기로 먼저 만나면 한결 풍성하게 느껴지지요.

　한국사를 처음 접하게 되는 나이가 점점 어려지고 있습니다. 초등학교 4학년 때 생활사를 배우고 6학년 때 통사를 배우던 기존 교육과정이 바뀌어 이제는 초등학교 5학년에 바로 한국사 통사를 배우게 됩니다. 생활사나 문화사를 전체 역사와 함께 배우게 되면서 역사를 단편적으로 접근하게 될 우려가 있습니다. 그러므로 어린 나이부터 〈역사왔수다〉처럼 역사에 대한 책을 많이 읽어 두면 좋습니다.

　이 책은 역사에 나오는 어려운 용어를 풀이하는 것보다 한국사를 배우기 전의 어린이들을 위해 생생한 역사상이 생길 수 있게 하는 것에 중점을 두었습니다. 덕분에 이 책의 제목처럼 역사가 재미있는 수다로 받아들여집니다. 모여 앉아 역사 수다를 나누면서 상상력을 자극하도록 설화와 전설을 소개하고 있지요. 특히 역사상을 파악하는 데 유용한 이야기들을 찾아 구성하여 설화와 전설이 담고 있는 당시 삶의 모습과 시대적 배경을 자연스럽게 몸에 배이도록 한 점이 돋보입니다. 역사에 대한 선입견이 생기기 전에, 이야기로 먼저 만나보는 〈역사왔수다〉와 함께라면 학년이 올라갈수록 의미가 깊어지는 한국사 교과가 어렵지만은 않을 것이라 확신합니다.

감수자 김 일규

차례

1

신라와 발해가 맞닿은 남북국 시대

신라가 한반도를 하나로 통일했어. 오랜 꿈이었던 삼국 통일을 이루고 찬란한 역사를 새로 쓸 준비가 된 거야. 한편, 옛 고구려의 땅에서는 고구려의 후손들이 일어나 새로운 나라를 세웠어. 당당한 우리의 역사, 발해란다. 남쪽에는 신라, 북쪽에는 발해가 있는 이 시대를 '남북국 시대'라고 해.

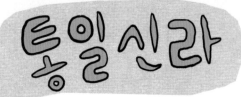

용이 되어
바다를 지킨 문무왕

문무왕은 죽음이 가까이 오고 있다는 걸 느꼈어요. 그래서 자식들을 모아 놓고 의연하게 말했어요.

"내가 삼국 통일을 이루고 신라가 우뚝 서게 했으니, 저승에서도 떳떳하게 선대 임금들을 뵐 수 있겠구나. 나는 지금 죽어도 여한이 없다."

"아바마마, 자리를 보전하시고 신라의 백성을 보살피옵소서!"

맏아들 정명이 울음을 삼켰어요.

"정명아, 네가 내 뒤를 이어 잘 할 거라 믿지만 바다 건너 왜놈들이 쥐새끼처럼 신라를 탐하니 그것만은 걱정이구나. 내가 죽거든 나를 동해 바다에 묻어다오. 부처님께 내가 죽으면 용이 되게 해 달라고 빌었으니 그리 해 주실 것이니라."

문무왕은 유언을 남기고 눈을 감았어요. 정명은 아버지의 뜻대로 아버지를 화장한 뼛가루를 동해의 커다란 바위 아래에 뿌렸어요.

그리고 정명은 신라의 31번째 왕, 신문왕이 되었습니다.

어느 날, 신문왕의 꿈에 문무왕이 나타났어요.

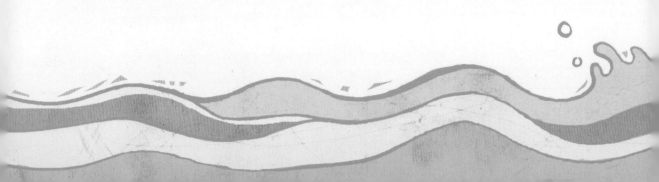

"바다 속에서 용이 되기만을 기다렸으
니 이제 하늘로 올라가노라."

꿈에서 깬 신문왕은 용이 된 아버지를 위해
문무대왕릉이 잘 내려다보이는 곳에 '이견대'
라는 정자를 지었어요.

신문왕이 이견대에 서서 문무대왕릉을
바라보고 있을 때였어요. 갑자기 문무대왕
릉 주변 바닷물이 거칠게 일렁거리더니 커다
란 용이 바닷물을 헤치고 솟구쳤어요. 용은 순식
간에 동해 바다에 떠 있는 작은 섬 열두 개를 부수
었어요. 그 섬들은 일본이 우리 땅으로 쳐들어올 때
거쳐 오던 곳이었어요. 적들이 쉽게 쳐들어오지
못하도록 섬을 아예 없애 버린 거예요.

이윽고 용이 마지막 남은 울릉도를 부수려
돌진하는데 하늘에서 벼락같은 목소리가 떨어
졌어요.

"울릉도는 좋은 기운이 빠져나가지 못하게
하고, 나쁜 기운을 막는 바다의 문이

다. 옥황상제께서 명령하시니 당장 멈추어라!"

그러자 용은 바다를 둘러보고는 이윽고 구름 사이로 사라졌어요. 신문왕은 감탄하며 무릎을 꿇었어요.

"바라신대로 신라를 지키는 용이 되셨구나!"

문무왕은 세상을 떠나기 전에 부처님의 힘을 얻어 일본의 침략을 막으려 했어요. 그래서 동해가 잘 보이는 언덕에 절을 짓게 했지요.

신문왕은 아버지의 뜻을 이어받아 절을 완성한 후 아버지의 은혜에 감사한다는 뜻으로 절의 이름을 '감은사'라고 했어요. 또한 용이 된 아버지를 위하여 감은사의 불당 계단 아래에 용이 드나들 수 있는 커다란 굴을 뚫었다고 해요.

🐚 **언제 무슨 일이? 676년 신라가 당나라를 몰아내고 삼국을 통일**

신라의 문무왕은 왕이 되기 전에는 백제를, 왕이 되어서는 고구려를 멸망시켰어요. 삼국을 통일한 후에는 신라를 손아귀에 넣으려는 당나라를 상대로 또다시 긴 싸움을 해 승리했지요. 신라는 문무왕 대에 이르러 진정한 삼국 통일을 이루어 냈답니다.

죽어서도 신라를 지키련다

문무왕 수중릉

경주 동쪽, 감포 앞바다에는 작은 바위섬이 있어요. 이곳이 신라의 삼국 통일을 이루어 낸 문무대왕이 잠들어 있는 곳이에요.

문무 대왕은 살아 있을 때에도 "죽어서 용이 되어 나라를 지킬 것이다."라는 말을 자주 했다고 해요. 그래서 동해에 묻어 달라는 유언을 남기고 세상을 떠났지요.

신라는 삼국을 통일했지만 아직 안심할 수 없었어요. 빠르게 발전하던 일본이 수시로 침략해 왔기 때문이에요. 일본은 이제 얕보아서는 안 될 상대였기에 문무왕은 일본이 침략해 올 것이 항상 걱정이었어요. 그래서 죽어서도 용이 되어 신라의 바다를 지키려고 한 거예요.

문무왕은 자신이 남긴 유언대로 바다 속 바위 안에 잠들었어요. 바위 안에는 바닷물이 자연스럽게 흐를 수 있는 길을 만들었어요. 그래서 바위 주변은 항상 물이 잔잔해요.

물속에는 거대한 거북이 모양의 돌이 있는데, 이 안에 문무왕의 유골 또는 뼛가루가 담긴 항아리가 있을 것으로 추측하고 있어요. 뼛가루를 바다나 강에 뿌리거나 항아리에 뼈를 담아 무덤에 묻는 것이 당시 신라 불교에서 유행하던 장례법이었다고 해요.

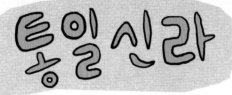

만파식적 이야기

동해 바다에 작은 산 하나가 떠내려 왔어요. 신문왕은 이를 이상하게 여겨 신하를 시켜 점을 치게 했어요.

"선대 왕이신 문무왕께서는 용이 되어 하늘을 지키시고, 김유신 장군의 넋은 인간 세상을 지키고 계십니다. 이 두 분께서 마음을 모아 폐하께 보물을 내리려 하시니 바다로 가 보시지요."

신문왕은 바다가 잘 내려다보이는 이견대로 갔어요. 과연 바다에는 거북이처럼 생긴 산이 떠 있었고, 그곳에선 대나무가 자라고 있었어요.

"무슨 조화인지 대나무가 낮에는 둘로 갈라졌다가, 밤이 되면 하나로 합쳐진답니다."

신하의 말이 사실이었어요. 그날 밤

대나무가 합쳐지면서 사방이 캄캄해지고 비바람이 세차게 불었어요. 이런 일은 며칠이고 계속됐어요.

"내가 직접 그 산에 가 보아야겠다."

신문왕이 배를 타고 산으로 향했어요. 산에 도착하자 용 한 마리가 검은 옥띠를 들고 나타났어요.

"폐하께 바치고자 마련한 것이옵니다."

신문왕은 검은 옥띠를 받아들고 용에게 물었어요.

"왜 대나무가 갈라졌다 다시 합쳐지는가?"

"손바닥도 마주쳐야 소리가 나듯 대나무도 합쳐졌을 때 신비로운 조화가 일어납니다. 대나무를 베어다가 피리를 만들어 불어 보십시오. 좋은 일이 생길 것입니다. 용이 되신 선대 왕과 김유신 장군이 마음을 합하여 내리는 보물입니다."

왕은 놀랍고도 기뻐 용에게 온갖 비단과 금은보화를 주었어요. 그리고 대나무를 베어 육지로 돌아왔어요. 뒤돌아보니 바다에 떠 있던 산은 온데간데없어졌고 용의 흔적도 찾을 수 없었답니다.

왕이 궁궐로 돌아가는 길에 잠시 쉬려고 시냇가에 머물렀어요. 마침 마중을 나왔던 이공 왕자가 검은 옥띠를 보고는 감탄했어요.

"이 옥띠에 달린 것들은 모두 진짜 용입니다."

이렇게 말하며 장식을 떼어 시냇물에 던졌어요. 그러자 물이 소용돌이치더니 용이 솟구치며 하늘로 올라갔어요.

신비한 일들은 여기에서 끝나지 않았어요. 신문왕은 용이 알려 준 대로 대나무로 피리를 만들어 잘 간직했어요. 그 뒤로 이 피리를 불기만 하면 적군이 물러나고, 아픈 사람은 병이 씻은 듯 나았으며, 가물면 비가 오고, 장마가 지면 하늘이 맑아지고, 거센 바람은 잠잠해지고, 높은 파도는 잔잔해졌답니다.

이 피리는 '거센 물결을 잦아들게 하는 피리'라는 뜻의 '만파식적'이라 불리며 신라의 보물이 되었답니다.

생각해 봐. 세 개의 나라가 합쳐졌으니 얼마나 혼란스러웠겠어. 만파식적 이야기에는 불안한 나라 상황을 이겨 내기 위한 신라 사람들의 바람이 담겨 있는 게 아닐까?

🌀 **언제 무슨 일이?** 신라 신문왕(681~692년) 때 행정 구역 정비

신문왕은 통일된 신라를 안정시켜야 하는 숙제를 받았어요. 우선, 넓은 땅을 다스리기 위해 전국의 행정 구역을 새로 짰어요. 외적의 침입으로부터 나라를 지키기 위해 국방 역시 튼튼히 했지요. 신라는 신문왕이 다스리는 동안 안정을 되찾고 크게 발전했답니다.

신라의 삼국 통일을 기념하여 만든 안압지

〈삼국사기〉에는 "문무왕 14년 2월에 궁 안에 연못을 파고 산을 만들어 화초를 심고 진기한 새와 짐승을 길렀다."라는 기록이 있어요. 이곳이 경주에 가면 꼭 살펴보아야 할 '안압지'예요.

신라는 삼국 통일을 기념해 궁 안에 커다란 연못을 만들기로 했어요. 그런데 신라에는 이렇게 큰 연못을 만들 기술자가 없었어요. 다행히 백제의 백성들 중에 뛰어난 기술자가 많았어요. 이미 백제의 사비성에는 '궁남지'라는 아름다운 연못이 있었으니까요. 문무왕은 이들을 경주로 데려와 연못을 만들게 했어요.

땅을 파고 그곳에 물을 채우려면 땅이 무너지지 않도록 돌로 축대를 쌓아야 해요. 안압지를 둘러싼 축대는 고구려 성벽의 모습과 매우 비슷해요. 평양성, 천리장성 등만 보아도 고구려는 성벽 쌓는 기술이 단연 으뜸이었지요. 안압지를 만들 때에도 고구려 기술자들의 솜씨가 필요했을 거예요. 이렇게 안압지는 세 나라의 기술이 합쳐져 만들어졌어요.

안압지 안팎에서 출토된 유물만도 1만 5천 점이 넘어요. 주로 신라의 생활 용구와 불상, 장신구 같은 것들이에요. 유물 하나하나가 섬세하고 화려해 신라 사람들이 얼마나 풍족하고 여유롭게 살았는지 알 수 있어요.

안압지에 있는 인공 섬에서는 사슴, 노루, 원숭이, 앵무새 같은 동물도 길렀다고 전해져요. 원숭이는 당시 우리나라에서는 볼 수 없던 동물이에요. 이는 신라가 다른 나라와 활발하게 교류했다는 증거이기도 하답니다.

해골 물을 마신 원효

승려인 원효대사와 의상대사가 부처님 말씀을 탐구하려고 당나라로 유학을 가던 길이었어요. 서라벌을 출발해 몇 날 며칠을 걸었더니 몸은 천근만근 무거웠어요. 어느새 날도 어두워져 두 사람은 쉴 곳을 찾아야 했어요.

"다행히 산속에 굴이 있군. 여기에서 밤을 보냅시다."

피곤에 지친 두 사람은 곧 잠이 들었어요.

얼마쯤 지났을까, 원효는 타는 듯한 목마름에 눈을 번쩍 떴어요. 주위는 무척 어두워 아무것도 보이지 않았어요. 어둠 속에서 손을 뻗어 바닥을 더듬었지요. 마침 손끝에 차가운 물이 만져졌어요.

'물이다! 바가지에 물이 담겨 있어!'

원효는 단숨에 물을 들이켰어요. 심하게 갈증이 나던 터라 물맛은 꿀처럼 달고도 시원했어요. 원효는 다시 곤하게 잠이 들었어요.

아침이 되었어요. 의상과 원효는 눈을 뜨고 진저리를 쳤어요. 어둠 속

18

에서 동굴이라고 생각했던 이곳은 다름 아닌 무덤이었어요. 아무것도 모른 채 해골들 사이에서 잠을 잤던 걸 생각하니 온몸에 소름이 돋았어요.

"내가 새벽에 마셨던 물이 해골에 고인 썩은 물이었단 말인가!"

원효는 나뒹구는 해골에 시커먼 물이 남아 있는 것을 보고는 뱃속이 뒤집혔어요. 간밤에 그렇게 시원하고 달았던 물이 썩은 물이었다니요.

순간 원효의 마음속에 한 가지 깨달음이 채워졌어요. 그는 의상에게 이렇게 말했어요.

"그 물이 어떤 물이든 해골에 담겨 있으면 썩은 물이요, 목이 타서 먹으면 약수가 됩니다. 이처럼 모든 것은 마음먹기에 따라 달라지니 깨달음은 제 마음속에 있는 바 굳이 먼 당나라까지 가는 일은 소용이 없다고 생각합니다. 저는 돌아가 부처님 말씀의 진리를 탐구하겠습니다."

결국 의상만 당나라로 가고, 원효는 발길을 돌려 신라로 왔어요.

깨달음을 얻고 다시 보니, 신라의 불교는 왕과 귀족만을 위한 것이었어요. 백성들은 말과 글이 어려워 부처님의 말씀을 잘 알아들을 수조차 없었거든요.

'깨달음은 마음속에 있는 것이거늘. 이 마음은 둘이 아니라 하나이니 귀족의 마음과 백성의 마음을 차별해서는 안 된다. 거리로 나가 백성들을 만나 부처님의 참뜻을 전하자!'

원효는 거리로, 시장으로 나가 백성들을 모아 놓고 부처님의 가르침을 전했어요. 원효의 노력 덕분에 신라의 많은 백성들이 부처님을 알게 되었어요. 입으로는 부처님을 말하고, 귀로는 부처님의 말씀을 들으며 높은 신분이 아니어도 극락에 갈 수 있다고 믿게 되었지요. 어느덧 불교는 신라 사회 깊숙이 자리 잡게 되었습니다.

🌀 언제 무슨 일이? 686년 불교를 널리 퍼뜨린 원효의 죽음

법흥왕 때 불교가 나라의 종교로 인정된 후 신라 곳곳에는 절과 불상이 들어섰어요. 불교는 단순한 종교가 아니라 정치적인 도구이기도 했어요. 무왕은 미륵사를, 진흥왕은 황룡사를 지어 자신의 권위를 드러내려 했거든요. 한편 원효대사는 불교를 백성에게 널리 퍼뜨린 위대한 승려가 되었지요.

원효와 요석공주

신라에 원효가 지어 불렀다는 이상한 노래가 떠돌았어요.

누가 자루 없는 도끼를 내게 빌려 주겠는가.
그러면 내가 하늘 떠받칠 기둥을 깎으리.

신라의 무열왕도 이 노래를 들었어요. 그는 노래를 듣고 곰곰이 생각했어요.

"자루 없는 도끼는 남편을 잃은 내 딸을 말하는 것 같군. 원효처럼 뜻 있는 자에게 내 딸을 맡기는 건 어떨지……."

무열왕은 과부로 지내던 자신의 딸 요석공주와 원효를 만나게 해 볼 생각이 었어요. 신하에게 원효를 궁으로 데려오라 명했지요.

"지금 궁으로 와서 요석공주를 만나 보라는 폐하의 명이십니다."

원효는 듣고 궁으로 향하다가 일부러 물에 빠져 옷을 홀딱 적셨어요. 궁에 들어가 옷을 갈아입는 척하며 요석공주의 관심을 사려 한 것이었지요.

원효의 계획은 잘 들어맞았어요. 원효와 요석공주는 한눈에 사랑에 빠졌어요. 둘은 틈만 나면 사랑을 속삭였지요. 이들 사이에서 태어난 아들이 '설총'이에요.

하지만 원효는 승려의 신분으로 사사로운 감정을 나누고 아이까지 얻었어요. 승려로서 지켜야 하는 계율을 어긴 셈이지요. 원효는 더 이상 승려 옷을 입을 수 없었어요. 대신 일반인으로 돌아가 불교를 널리 퍼뜨리는 데 더욱 힘을 쏟았어요.

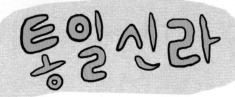

설총이 들려준 꽃 이야기 〈화왕계〉

신라의 불교를 우뚝 세운 원효만큼이나 원효의 아들인 설총도 유명했어요. 설총은 어려서부터 무척 총명했지요. 어려운 책도 펼쳤다 하면 줄줄 읽었고, 글 짓는 솜씨도 남달랐어요. 또한 신라에 유교를 처음 꽃피운 인물이기도 하지요. 그래서 신문왕은 그의 재주와 지혜를 배우고 싶어 설총을 늘 곁에 두었어요. 설총이 지은 글은 거의 남아 있지 않지만, 신문왕과 있었던 이야기가 우리에게 전해져요.

하루는 신문왕이 설총을 불렀어요.

"긴 장마가 끝나고 드디어 구름이 걷혔구려. 향긋한 바람이 목덜미를 지나고, 맛 좋은 음식과 듣기 좋은 음악이 여기 있네. 여기에 즐거운 이야기가 빠지면 되겠는가."

"폐하께서 원하시니 제가 이야기를 하나 지어 올리겠습니다."

설총은 꽃이 잔뜩 어우러진 화단을 바라보며 이야

기를 시작했어요.

머나먼 옛날의 일입니다. 봄이 되자 꽃의 왕인 모란이 피어났습니다. 향기로운 동산에 모란이 홀로 아름다움을 뽐냈지요. 그러자 깊은 골짜기에서도, 양지바른 동산에서도 꽃들이 찾아와 모란에게 절을 올렸답니다. 꽃들은 혹시나 다른 꽃들에게 가려질까 걱정하며 제 아름다움을 뽐내느라 바빴습니다.

그때 눈에 띄는 미인이 나타났습니다. 얼굴이 붉고 탐스러우며 옥 같은 이를 보이며 미소를 지으니 과연 따라올 자가 없었습니다. 그자는 봄바람에 비단 옷자락을 나풀거리며 꽃의 왕인 모란에게 다가갔습니다.

"저는 장미라고 하옵니다. 아름다운 왕이시여, 저를 신하로 받아 주소서."

이어 어떤 노파가 초라한 베옷을 입고 나타났습니다. 새하얀 머리카락을 흩날리며 구부정한 몸을 지팡이에 기대어 겨우 걸어 왔습니다.

"저는 큰 길에 사는 할미꽃입니다. 이곳을 보아하니 기름진 음식과 술이 풍족해 모자람이 없어 보입니다."

꽃의 왕은 할미꽃의 이야기에 고개를 끄덕였어요.

"그렇고말고."

"꽃의 왕이시여. 좋은 옷을 입고 음식

과 술이 풍족하니 달콤한 말만 귀에 들어올 것입니다. 그러나 그보다는 쓴 약과 침으로 몸에 파고든 나쁜 독을 없애야 합니다. 왕의 곁에 두어야 할 신하도 이런 이치를 따져 생각하셔야지요."

할미꽃의 말에 꽃의 왕은 고개를 갸웃거렸어요. 듣고 있던 신하가 물었어요.

"폐하, 장미와 할미꽃 둘 중에 누구를 받아들이시겠습니까?"

"아무래도 장미 같은 미인에게 마음이 끌리는구나……."

그러자 노파가 앞으로 한 발짝 걸어 나왔어요.

"꽃의 왕이시여. 폐하께서는 높은 자리에 앉아 모든 이치를 다 꿰고 계실 것이라 생각했습니다. 그런데 제가 잘못 알았나 봅니다. 옛부터 달콤한 말로 아첨하는 자를 가까이하고, 쓴 말을 입에 담아 정직한 자는 멀리한다고 했으니 참으로 비통합니다."

노파가 돌아서려하자 모란이 그자를 불러 세웠답니다.

"말의 뜻을 헤아려 보니 그대의 말이 진실이구려. 겉모습과 달콤한 말에 빠지지 않고, 옳고 그른 이치를 따져 보아야만 훌륭한 신하를 얻을 수 있지! 내가 잘못했네."

설총은 원효와 요석공주 사이에서 태어났지. 하지만 그는 6두품이라 뛰어난 재능이 있어도 높은 벼슬에 오를 수 없었어. 설총이 신문왕에게 들려준 이 〈화왕계〉에는 설총의 그런 마음이 담긴 걸지도 몰라.

꽃의 왕은 자신의 실수를 뉘우치며 할미꽃의 손을 잡았다 합니다.

이야기를 다 들은 신문왕은 생각에 젖은 눈

으로 꽃이 활짝 핀 화단을 바라보았어요.

"그대의 이야기에 깊은 뜻이 담겨 있음을 알았네. 내 그런 왕이 되도록 하지. 이 이야기는 글로 남겨 후대에까지 전할 수 있도록 하겠네. 제목은 〈화왕계〉가 좋겠구려."

설총으로부터 깊은 깨달음을 얻은 신문왕은 그를 크게 총애하였다고 해요. 설총은 그 뒤로도 신문왕의 옆을 지키며 왕이 바른 정치를 하도록 도왔다고 해요. 신라에서 가장 뛰어난 학자 열 명을 일컬어 '십현'이라고 하는데, 설총도 그 사람 중 하나로 많은 사람의 존경을 받았다고 합니다.

☁ 언제 무슨 일이?

설총은 신라 시대의 뛰어난 학자 중 한 사람이에요. 설총이 살았던 시대에는 우리말은 있었으나 이를 적을 글이 아직 없었어요. 그래서 설총은 한자를 우리말에 맞게 쓰는 방법을 정리했지요. 이런 방법을 '이두'라고 해요. 이처럼 신라는 삼국을 통일한 뒤 꾸준히 문화를 발전시켜 나갔답니다.

발해

발해를 세운 대조영

천문령 고개에는 하늘 높이 솟은 나무가 한 치 앞을 볼 수 없을 정도로 빽빽했어요. 대조영은 이곳에 숨은 병사들의 표정을 하나하나 살폈어요. 군사들은 다름 아닌 대조영의 고향 사람들. 그러니까 고구려가 멸망하고 나라를 잃어 정처 없이 떠돌아야 했던 고구려 사람들이었어요. 주인 행세를 하던 당나라의 모진 핍박을 견디어 오다 다시 힘을 모았고, 이 숲에서 당나라의 군대를 공격할 기회를 엿보고 있었어요.

이들은 모두 당나라에 맞서 싸우겠다고 대조영을 믿고 따라온 자들이었어요. 대조영은 어깨가 무거워지는 걸 새삼 느끼고 있었어요.

그때, 저 멀리서 새들이 파드득 날아올라 침입자들이 가까이 왔음을 알렸어요.

"놈들이 가까이 왔다! 모두 활시위를 당겨라!"

명령이 떨어지고 화살이 하늘을 갈랐어요.

대조영의 군대를 좇아 험한 숲속까지 들어온 당나라 군대는 칼 한 번 제대로 휘두르지

고구려가 멸망하고, 그 땅을 당나라가 차지하자 고구려인들은 곳곳에 흩어져 살 수밖에 없었지. 그들이 간 곳에는 거란인, 말갈인 같은 다른 민족이 있었는데, 모두 당나라의 식민 정책에 반대하고 있었어. 그들은 세력을 모으고 반기를 들었는데, 그 우두머리가 고구려 장군 출신인 대조영이야.

못하고, 고구려 유민들의 화살에 모두 쓰러지고 말았어요.

"이제 우리가 역사를 만들 때다. 말머리를 동쪽으로 돌리자!"

대조영은 무리를 이끌고 동모산으로 갔어요.

"이곳은 원래 고구려의 땅이었다. 30년 만에 비로소 되찾은 이곳에 새
로운 나라를 세울 것이니, 그 나라 이름을 '발해'라 한다."

"와아! 대조영 만세!"

대조영은 동모산 기슭에 도읍을 정하고 나라를 세웠어요. 나라를 잃고 헤매던 고구려 사람들이 소식을 듣고 속속 동모산으로 모여들었지요. 궁궐이 들어서고 체계가 잡히면서 발해는 점차 나라의 모습을 갖추어 갔어요.

"어서 힘을 키워 신라와 당나라를 공격합시다. 고구려를 멸망케 했으니 단단히 복수를 해야 합니다!"

신하들이 부르짖었지만 대조영의 생각은 달랐어요.

"천하를 호령하던 고구려도 잦은 전쟁에 힘을 잃어 멸망하고 말았습니다. 그리 급히 서두를 일이 아닙니다."

대조영은 싸움 대신 고구려의 뒤를 이은 새로운 나라가 탄생했음을 알리기 위해 당과 신라에 사신을 보냈어요.

발해는 주변의 땅을 하나씩 손에 넣으며 엄청난 속도로 발전해 갔어요. 당나라도 결국 대조영을 '발해의 왕'이라고 부르며 한 나라의 왕으로 인정했답니다.

👉 언제 무슨 일이? 698년 대조영이 발해 건국

대조영이 세운 발해는 빠르게 세력을 키웠어요. 남쪽으로는 신라와 맞닿고, 위로는 지금의 만주와 러시아 연해주까지 발해의 땅으로 만들었지요. 그리하여 삼국을 통일한 신라와 함께 당당히 우리 역사의 한 축을 담당했어요. 이 시기를 '남북국 시대'라고 합니다.

발해의 신비를 풀어 준 정효공주 무덤

1979년 중국 지린성에서 소에게 풀을 먹이던 한 소년이 벽돌로 만든 탑을 발견했어요. 이 일로 탑 아래에 묻혀 있던 무덤이 처음으로 세상에 모습을 드러냈어요.

이 무덤은 발해 문왕의 넷째 딸이자 대조영의 손녀인 정효공주의 무덤이에요. 무덤 앞에는 비석이 있었는데, 비석에는 문왕과 공주의 위대한 업적을 찬양하는 글이 새겨져 있었답니다. 문왕이 사랑한 정효공주는 일찍이 글을 익혀 글 쓰는 솜씨가 뛰어났으며, 음악에도 재능이 있었어요. 문왕은 딸의 무덤을 화려하게 장식해 주었어요. 탑 아래 무덤 입구에서 계단을 따라 내려가면 복도가 나타나고, 복도 양 옆으로는 칼을 들고 무덤을 지키는 무사의 모습이 그려져 있어요. 복도를 지나 관이 놓인 방에는 시중을 드는 몸종들과 음악을 연주하는 신하가 그려져 있어요.

발해인들에 관한 기록이 별로 남아 있지 않은 탓에 발해의 역사는 비밀에 싸여 있었어요. 그러던 중 정효공주의 무덤이 발견되면서 발해의 문화와 생활 모습이 드러났어요. 특히 비석에는 정효공주가 아버지인 문왕을 '황상', 즉 '황제'라고 불렀다고 기록되어 있어요. 이는 문왕이 황제의 지위였다는 뜻으로, 발해가 중국에 속한 지방 정권이었다는 중국의 주장을 반박할 증거가 되었답니다.

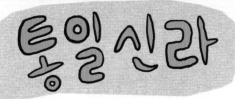

용궁에 다녀온 수로부인

성덕왕 때 순정공이 벼슬을 맡아 가족과 함께 강원도로 가고 있었어요.

순정공의 아내인 수로부인은 미모가 아주 빼어났어요. 짐승들과 귀신들마저도 수로부인의 미모를 보려고 아웅다웅했지요. 예전에도 몇 번이나 깊은 숲속과 강가에서 짐승과 귀신에게 붙잡혔다고 해요.

일행이 바닷가에서 잠시 멈추어 쉬고 있을 때였어요. 바닷물이 사납게 출렁이더니 바다에서 용이 솟구쳐 올랐어요.

"아악!"

용은 수로부인을 낚아채 바닷속으로 들어갔어요. 순정공은 순식간에 눈앞에서 아내를 잃고 어찌할 바를 몰랐어요.

이때 한 노인이 나타나 말했어요.

"어떤 사나운 일도 여러 사람의 입이 모인 것만큼 두렵지는 않을 것입니다. 사람들을 불러 모아 막대기로 언덕을 두드리며 노래를 부르도록 하십시오. 용이 이를 두려워해 다시 모습을 나타낼 것입니다."

순정공은 노인의 말을 따르기로 했어요. 마을 사람들을 모아 막대기로 언덕을 두드리며 바다를 향해 노래를 불렀지요. 이 노래가 고대가요인 〈해가〉예요.

거북아 거북아, 수로부인을 내놓아라.

남의 부인을 훔쳐 간 죄가 얼마나 크냐.

네가 만약 거역하고 내놓지 않는다면

그물로 너를 잡아 구워 먹을 테다.

사람들의 노랫소리가 점점 커졌어요. 잠시 뒤, 시퍼런 바닷물이 거칠
게 일렁이더니 바닷속에서 다시 용이 솟구쳐 나왔어요.

"부, 부인!"

용은 수로부인을 조심스럽게 뭍에 내려놓고는 다시 날렵하게 바닷속
으로 들어갔습니다.

사람들이 수로부인의 주위로 모여들었어요. 뜻밖에도 수로부인은 매
우 편안한 표정을 짓고 있었어요.

"부인, 바다 속에서 험한 일을 겪지는 않으셨소?"

"괜찮습니다. 용이 저를 바닷속 용궁에 데려다 주었어요. 일곱 가지 보물로 지은 매우 아름다운 궁궐이었지요. 용궁에서는 제게 온갖 진귀한 음식을 차려 대접하였는데, 그 음식들이 모두 달고 향긋하여 지금도 잊을 수가 없습니다."

순정공은 마음이 놓여 아내의 손을 잡았습니다. 그러자 부인에게서 신비로운 향기가 났어요. 인간 세상에서는 맡아 본 적이 없는 기이한 향기였지요.

바닷속 용왕이 수로부인의 아름다운 모습에 반해 그녀를 용궁으로 데려갔다는 소문은 사람들의 입을 통해 널리 퍼졌어요. 바닷속에서 지니고 온 신비로운 향기 역시 그녀가 세상을 떠날 때까지 사라지지 않았다고 합니다.

☁ 언제 무슨 일이?

신문왕의 뒤를 이은 성덕왕은 통일된 신라를 안정시키고자 안팎으로 많은 노력을 기울였어요. 이때 신라는 정치가 안정되고, 농업이 크게 발달하면서 신라 고유의 문화를 이룰 바탕을 다졌어요.

이야기 하나 더

꽃을 바치며 부른 노래 〈헌화가〉

순정공이 벼슬을 받아 일행과 함께 강원도로 향할 때의 일이에요.

"이곳의 풍경이 무척 아름다우니 잠시 쉬었다 가세."

순정공 일행은 바닷가에 멈추었어요. 탁 트인 바다 옆으로 깎아지른 절벽이 마치 병풍처럼 둘러서 있었어요. 순정공의 아내인 수로부인이 절벽 꼭대기에 흐드러지게 피어 있는 붉은 철쭉에서 눈을 떼지 못했어요.

"누구 저 꽃을 꺾어 주실 수 없나요?"

수로부인이 물었지만 다들 머뭇거리기만 했어요. 낭떠러지가 너무 험해 사람이 갈 수 없었기 때문이에요.

이때 암소를 몰고 가던 노인이 수로부인을 보고 멈추었습니다. 보아하니 아름다운 여인이 절벽 위에 핀 철쭉을 갖고 싶어 하는 것 같았지요. 노인은 수로부인을 향해 노래를 지어 불렀습니다.

자줏빛 바윗가에

암소를 손에서 놓고

나를 부끄러워하지 않으신다면

꽃을 꺾어다 바치오리다.

이어 노인은 깎아지른 절벽을 기어올라 꽃을 꺾었습니다. 그러고는 꺾은 꽃 한 다발을 들고 내려와 수로부인에게 바쳤습니다.

이때 노인이 지어 부른 노래가 신라의 향가인 '헌화가獻花歌'예요. 이 향가는 지금까지도 전해 내려오고 있답니다.

김대성과 불국사

대성은 어머니와 함께 부잣집에서 품을 팔며 하루하루를 부지런하게 살았어요. 주인은 그런 대성의 모습을 기특하게 여겨 손바닥만 한 땅을 선물로 주었어요.

"어머니, 부처님께 이 땅을 바치고 공덕을 쌓으면 다음 생애에서 복을 받을 수 있을 거예요."

대성의 말을 듣고 어머니도 고개를 끄덕였어요.

그러던 어느 날, 대성이 죽고 말았어요.

"대성아! 어미보다 먼저 세상을 뜨다니 이게 무슨 날벼락이냐!"

문 밖까지 곡소리가 들리자 사람들이 기웃거렸어요.

"가난해도 부처님께 전 재산을 시주하기에 부처님 은혜를 입으며 잘 살 줄 알았더니만. 쯧쯧."

같은 시각, 신라의 큰 벼슬아치인 김문량의 집에서는 믿기지 않는 일이 벌어졌어요. 마른하늘에서 쩌렁쩌렁한 목소리가 들려온 거예요.

"대성이를 너희 집으

로 보내련다. 잘 거두어 기르거라."

이후 김문량의 집에서 아이가 태어났어요. 김문량은 아이가 부처님의 은혜를 입어 새로 태어났다고 믿고, 아이의 이름을 '대성'이라고 지었어요. 그러고 나서는 전생의 가난한 어미를 불러 함께 살게 했지요.

대성은 전생의 어머니와 자기를 낳아 주신 부모님을 함께 모시며 효심 깊은 아이로 자랐어요.

하루는 대성이 토함산에 올라 커다란 곰을 사냥해 왔어요. 그날 밤, 대성의 꿈에 커다란 곰이 나타나 울부짖었어요.

"죄 없는 나를 죽였으니, 나도 너를 잡아먹겠다!"

"살려 주세요! 시키는 일은 무엇이든지 하겠습니다."

대성이 손이 발이 되도록 빌었어요.

"목숨만은 살려 줄 테니 나를 위해 커다란 절을 짓고 내가 부처님 곁에서

다시 태어날 수 있도록 빌거라."

"예, 예. 그렇게 하겠나이다."

꿈에서 깨어난 대성은 가슴을 쓸어내렸어요. 그리고 부처님의 말씀을 어기고 죄 없는 짐승의 목숨을 빼앗은 일을 후회했어요. 대성은 날이 밝자 곰을 산에 정성껏 묻어 주고 절을 지었어요.

이 일로 대성은 부처님의 말씀에 더욱 귀를 기울였어요. 불심이 깊어진 대성은 효도하려는 마음도 극진해 전생의 부모님을 위해서는 석굴암을, 현생의 부모님을 위해서는 불국사를 짓기로 했어요.

불국사와 석굴암은 신라를 대표하는 뛰어난 건축물이야. 그런데 이를 김대성이 혼자 지었다는 건 좀 무리가 있어. 왕이 석굴암과 불국사를 지으라고 명령했고, 김대성이 총책임자 정도였다면 말이 되지 않니?

대성은 75세의 나이로 세상을 떠났는데, 안타깝게도 불국사와 석굴암이 완성되는 모습은 보지 못했어요. 그 뒤로 나라에서 공사를 맡아 마무리했지요. 이렇게 신라 최대의 절인 불국사와 아름다운 석굴암이 완성되었답니다.

☁ 언제 무슨 일이? 751년 석굴암 착공

신라에는 불교가 널리 퍼져 있었어요. 원효와 의상 같은 승려들 덕분에 불교가 빠르게 발전했지요. 지배층은 불교를 이용해 백성들의 마음을 하나로 모아 다스렸어요. 백성들도 부처님 말씀을 따르며 마음의 평화를 찾았어요.

불국사와 석굴암

751년, 당시 신라의 왕이었던 경덕왕은 불교의 발전에 큰 힘을 기울이고 있었어요. '불국사'라는 이름에서 알 수 있듯이 거대한 절을 통해 신라에 부처님의 나라를 세우려고 했지요.

불국사에서 청운교와 백운교를 차례로 오르면 부처님의 세계로 들어가는 자하문을 만날 수 있어요. 자하문을 지나면 소박한 석가탑과 화려한 다보탑이 나란히 세워져 있어요. 불국사는 건물 하나하나가 불교 경전 내용을 바탕으로 지어졌어요. 신라 사람들의 불교 신앙을 잘 엿볼 수 있는 아름다운 건축물이지요.

석굴암은 사람이 돌을 깎고 쌓아 완성한 굴로, 이런 형태의 인공 석굴은 세계적으로도 유례가 없다고 해요. 신라 사람들은 산꼭대기에 360개의 돌을 차곡차곡 짜 맞추어 굴 형태를 만들었어요. 또한 둥근 지붕 형태가 무너지지 않도록 하였으며, 굴 내부까지 바람이 잘 통하도록 설계하였지요. 이는 뛰어난 토목 기술 없이는 불가능한 일이었어요. 석굴암 안쪽 면에는 불교를 지키는 수호신과 보살, 부처님의 제자를 새겨 넣고, 가운데에는 인자한 표정의 석가모니 불상을 모셨어요.

▲ 석가탑

그림자가 없는 석가탑

불국사를 지을 때의 이야기예요. 김대성은 사찰 마당에 탑을 세우고 싶었어요.

"백제의 아사달이 돌을 다루는 솜씨가 매우 뛰어나다고 합니다."

김대성은 아사달을 서라벌로 불렀어요. 아사달은 사랑하는 아내, 아사녀를 고향에 두고 서라벌로 떠나야만 했어요.

아사달은 돌을 깨고 다듬는 데 온 정신을 기울였어요. 하루라도 빨리 탑을 완성해서 고향으로 돌아갈 생각뿐이었지요.

반면 일 년이 지나고, 이 년이 지나도록 남편은 돌아오지 않자 기다리다 지친 아사녀는 물어물어 서라벌까지 오게 되었어요. 하지만 불국사 승려들은 탑을 만드는 데 방해가 될까 봐 아사달에게 아사녀가 왔다는 소식을 알리지 않았어요. 그러고는 아사녀에게 이렇게 말했지요.

"탑이 완성되면 저 연못에 탑 그림자가 비칠 겁니다. 그때 남편을 만나도록 해 주겠습니다."

아사녀는 연못가에 앉아 하염없이 탑 그림자가 비추기만을 기다렸어요. 그리운 남편을 만날 때까지 하루도 자리를 뜨지 않았어요. 하지만 아무리 기다려도 연못에 탑 그림자는 비추지 않았습니다. 아사녀는 크게 실망한 나머지 연못에 몸을 던지고 말았어요.

한편, 아사달은 탑을 완성한 뒤 아사녀가 서라벌에 왔다는 소식을 들었어요. 한달음에 연못으로 달려갔지만 아사녀의 모습은 어디에도 없었어요. 아사달은 슬픔을 이기지 못하고 모습을 감추었어요.

아사달 아사녀의 슬픈 사랑 이야기가 전해지면서, 석가탑은 '그림자가 없는 탑'이라는 뜻으로 '무영無影탑'이라고도 불렸습니다.

에밀레종의 전설

신라의 경덕왕은 아버지인 성덕왕을 기리는 종을 만들기로 했어요.

"신라가 평화를 누리며 풍요롭게 살 수 있는 것은 성덕왕 덕분이다. 백성들은 정성껏 시주하고 대대손손 덕을 쌓도록 하라."

종을 만들려면 어마어마한 양의 구리가 필요했어요. 스님들은 임금의 명령을 받고 백성들로부터 종을 만들기 위한 성금을 거두었어요.

하루는 스님이 허름한 집 앞에서 목탁을 두드렸어요. 그러자 갓난아이를 안은 아낙이 누추한 모습으로 밖을 내다보았어요.

"성덕왕을 위해 시주하십시오."

"우리집에는 시주할 게 이 아이밖에 없는 걸요……."

당시 신라의 문화가 화려하게 꽃을 피우고 있었다지만 일반 백성들의 삶은 풍요롭지 못했어요. 하지만 왕과 귀족들에게는 백성들의 비참한 삶이 보이지 않았어요. 백성들은 보잘것없는 살림살이를 털어 성금을 낼 수밖에 없었지요.

그렇게 구리를 모아 종을 만들었지만 번번이 실패하고 말았어요. 그러자 한 점쟁이가 점을 쳐 보았어요.

"종을 만드는 데 나쁜 기운이 낀 것 같습니다. 누군가의 희생이 있어야 나쁜 기운이 씻깁니다."

점쟁이의 말에 그 허름한 집에 살던 아낙이 입방아에 올랐어요. 아낙은 결국 관리들에게 아기를 빼앗겼어요. 그리고 아기는 뜨거운 구릿물에 던져지고 말았답니다.

훗날 거대한 종이 완성되었는데, 그 종소리가 마치 아기가 '에밀레 에밀레' 하고 우는 것 같았어요. 그래서 '에밀레종'이라 불리게 되었지요.

통일신라

신라 최고의 화가, 솔거

솔거는 신라의 깊은 산골에서 나고 자란 아이에요. 솔거는 어릴 때부터 그림을 그렸어요. 손에 나뭇가지가 있으면 나뭇가지로 그림을 그렸고, 호미를 쥐고 있으면 호미로 그림을 그렸어요. 산을 오를 때에는 나무를 그렸고, 하늘을 보면서는 날개를 활짝 펼친 새를 그렸지요.

어린 솔거는 늘 그림을 그렸지만, 이 그림이 잘 그린 그림인지 아닌지 알 수가 없었어요.

"그림을 가르쳐 주실 스승님이 계신다면 얼마나 좋을까."

하지만 깊은 산골에서는 훌륭한 스승님을 찾을 수가 없었어요. 솔거는 하늘을 보며 진심을 다해 빌었어요.

"그림을 잘 그리고 싶어요! 어떻게 하면 좋을까요?"

어느 날, 잠을 자던 솔거는 이상한 꿈을 꾸었어요.

"누, 누구세요?"

"나는 하늘의 아들 단군이니라. 네게 붓 한 자루를 줄 테니, 이 붓으로 살아 있는 그림을 그려 보거라."

솔거가 꿈에서 깨어났어요. 방은 아무 일도 없던 듯이 조용했어요.

솔거는 곧바로 붓과 종이를 꺼내 꿈에서 본 단군의 모습을 그렸어요.

전과 다르게 붓이 거침없이 움직였어
요. 꿈에서 본 단군의 모습이 그대로
종이 위로 옮겨졌어요. 솔거는 이때부
터 단군의 초상화를 천 장이 넘게 그
렸어요. 그림이 어찌나 생생했던지
사람들은 쌀과 돈으로 그림을 바꿔
갔어요. 솔거의 뛰어난 그림 솜씨는
곧 온 나라에 알려지기 시작했어요.

어느 날, 솔거는 황룡사가 지어지
고 있는 현장에 찾아갔어요. 마침
황룡사 한쪽 벽이 텅 비어 있어 그
곳에 그림을 그리겠다고 스님에게
허락을 받았지요. 빈 벽을 보며 한참 생
각에 잠긴 솔거는 신명나게 붓을 움직여 그
림을 완성했어요. 완성된 그림을 본 스님이 감
탄하며 말했어요.

"오래된 소나무의 몸통은 물고기 비늘처럼 생
생하고, 가지가 옆으로 구부러진 모습은 새들이 쉬었다 갈 정도로 눈앞
에 있는 것 같습니다. 잎은 손에 잡힐 듯합니다."

많은 사람이 솔거의 그림을 보며 칭찬을 아끼지 않았습니다.

한편, 황룡사 마당을 들락거리던 까마귀와 솔개, 제비, 참새들이 솔거

의 그림을 향해 날아드는 일이 잦아졌어요. 솔거의 그림이 진짜 나무인 줄 알고 나뭇가지에 앉으려 했던 탓이지요. 그 때문에 황룡사 마당에는 솔거의 그림으로 달려들었다가 벽에 부딪혀 떨어진 새들이 숱하게 생겨났습니다.

세월이 흐르고 비와 바람에 솔거의 그림이 지워지기 시작했어요. 이를 본 한 스님이 솔거의 그림을 덧칠하자 그 뒤로는 새들이 그림에 부딪히는 일이 없었다고 합니다.

솔거는 황룡사 말고도 분황사와 단속사에도 그림을 남겼습니다. 명실 공히 그는 신라 최고의 화가였습니다.

언제 무슨 일이?

지금의 경주에는 신라 때 만들어진 뛰어난 불교 건축물이 많아요. 왕족과 귀족들은 서라벌에 거대한 절과 불상을 지어 신라가 불교 국가임을 알렸어요. 가난한 백성들은 서라벌 남산 곳곳의 바위에 부처를 새기고 탑을 세웠어요.

황룡사와 분황사

553년, 진흥왕이 서라벌에 궁궐을 지으려는데, 이곳에서 갑자기 누런 빛깔의 용이 나타났어요. 진흥왕은 이곳을 절로 바꾸라고 명하고 절의 이름을 '황룡사'라고 했어요. 절의 크기가 어찌나 크던지 짓는 데에 17년이나 걸렸다고 해요.

선덕여왕은 황룡사에 9층 목탑을 세워 신라 전체를 내려다 볼 수 있게 했어요. 또한 에밀레종이라고 불리는 성덕대왕신종이 만들어지기 훨씬 전, 경덕왕은 이곳에 거대한 종을 만들도록 명령했어요. 이 거대한 종은 훗날 몽골군이 훔쳐 가다가 바다에 빠뜨렸다고 전해져요.

신라 최고의 건축 기술이 동원된 최고 규모의 황룡사는 고려 때 몽골군의 침입으로 불에 타 버렸어요. 지금은 경주 한가운데에 터만 남아 있어 그 당시의 규모를 짐작해 볼 수 있어요.

분황사는 634년에 선덕여왕이 세운 절이에요. 선덕여왕이 당나라 태종의 조롱에 답하기 위해 세운 분황사 모전석탑이 아직 남아 있어요. 솔거는 이곳에 관음보살상을 그렸는데, 그 실력이 뛰어나 신이 그린 그림이라고 불릴 정도였대요. 원효는 이곳에 오래 머물며 불교를 연구했어요.

신라의 왕들은 황룡사와 분황사처럼 거대한 규모의 절을 지으며 자신들의 권위를 드높이고자 했어요. 왕실의 든든한 지원을 받으며 발전한 신라의 불교문화는 그만큼 아름답고 화려했어요.

발해

해동성국의 도읍지, 상경

　문왕이 다스리던 시절, 발해는 땅이 꽤 넓어졌어요. 문왕은 머릿속에 새로운 고민이 맴돌아 신하들을 불러 모았어요.

　"이 나라를 건국한 고왕(대조영)께서는 동모산 꼭대기에 도읍을 정하셨습니다. 그리고 이곳 중경으로 도읍을 옮긴 지도 몇 년이 흘렀습니다. 하지만 이곳은 강이 없고 척박해 도읍으로 적당치 않습니다."

　신하들도 왕의 말에 고개를 끄덕였어요.

　"발해는 땅이 넓습니다. 그러나 모진 추위가 길게 이어지는 데다 땅이 오랫동안 얼어 있어 농사를 짓기가 힘듭니다. 나라와 백성의 살림을 기름지게 할 방법을 찾아야 합니다."

　문왕과 신하들은 머리를 맞대고 오랜 시간 논의했어요. 마침 목단강 근처에 넓고 평평한 '상경'이라는 땅이 있어 그곳에 새로운 도읍을 만들기로 했습니다.

　"당나라의 도읍인 장안성과 비교해도 뒤지지 않을 정도로 만들어야 합니다!"

상경에는 당나라의 장안성과 꼭 닮은 성이 세워졌어요. 네모반듯한 성곽 안에 바둑판처럼 길을 내고, 주작대로라고 이름을 붙였어요. 원래 주작대로는 장안성 안에 있는 도로의 이름이었어요.

성안의 건물들은 모두 온돌로 꾸며졌는데, 추운 겨울을 따뜻하게 나는 데 안성맞춤이었어요. 온돌은 중국과 일본에는 없는 것이었지요.

문왕은 상경이 도읍지로서 자리를 잡자 본격적으로 나라의 살림을 탄탄하게 꾸릴 방법을 찾기 시작했어요. 그 해결책이 다른 나라와의 무역이었어요.

"우리나라는 농사가 힘들어 곡식과 옷감이 넉넉하지 않습니다. 그러니 우리나라의 질 좋은 특산품을 팔아 부족한 것을 사 오는 것이 좋겠습니다."

"옳으신 말씀입니다. 우리나라의 담비 모피는 질기고 부드러워 탐내는 나라가 많습니다. 말 또한 힘이 좋아 인기가 좋지요. 기운을 북돋는 인삼은 또 어떻습니까."

문왕은 이웃 나라로 통하는 다섯 갈래의 큰 길을 만들라고 했어요. 당나라로 가는 육지 길과 바닷길, 거란으로 가는 길, 신라로 가는 길, 일본으로 가는 길이었지요.

계획대로 다섯 길을 통해 다양한 문물이 들어오고 나갔어요. 상경은 여러 나라 사람들이 다양한 물건을 사고파느라 북적이는 도시가 되었지요.

이제 발해는 누구도 쉽게 건드릴 수 없는 나라가 되었어요. 당나라는 발해를 '바다 동쪽의 번영한 나라'라는 뜻으로 '해동성국'이라 불렀어요.

🌀 언제 무슨 일이? 755년 발해 문왕이 상경으로 도읍 천도

상경은 발해가 멸망할 때까지 약 160년 동안 발해의 도읍지였어요. 발해는 상경을 중심으로 사방으로 뻗어 나가는 길을 만들어 주변 여러 나라와 활발하게 교류했어요. 200년 넘게 번성하던 발해는 926년 새롭게 일어난 거란에게 무너져 멸망하고 말았습니다.

홍라녀 전설

어느 가을 밤, 발해의 선왕이 산책을 하고 있는데 신하들이 하늘을 가리키며 외쳤어요.

"폐하, 경박호를 둘러싼 하늘이 붉게 변하고 있습니다!"

왕과 신하들이 급히 호수로 달려가 보니 붉게 물든 호수 위에 연꽃 한 송이가 떠 있었어요. 꽃 위에는 하얀 저고리에 붉은 치마를 입은 여인이 눈처럼 하얀 말과 함께 서 있었어요.

"홀연히 나타난 너는 이름이 무엇이냐?"

"폐하, 제 이름은 홍라녀라고 하옵니다."

왕은 하늘에서 내려온 듯한 이 여인을 궁으로 데려갔어요. 홍라녀는 왕자와 혼인을 하고 궁에서 지내며 학문과 무예를 익혔어요.

어느 날, 당나라에 사신으로 간 발해의 신하가 거란족에게 붙잡혔어요. 이를 구하기 위해 보낸 왕자마저도 인질로 붙잡혔어요.

"거란이 땅을 내놓으라며 왕자를 인질로 삼았으니 어쩌면 좋소!"

누구도 선뜻 답을 내놓지 못할 때 홍라녀가 당당히 나섰어요.

"폐하, 제가 반드시 남편을 구해 오겠습니다."

홍라녀는 하얀 말을 타고 혼자 거란으로 갔어요. 거란의 왕은 여인이 홀로 인질을 구하러 왔다고 하니 선뜻 문을 열어 주었어요.

홍라녀는 눈 깜짝할 사이에 검을 뽑고 휘둘러 거란의 궁 안을 초토화시켰어요. 그러고는 남편을 말에 태워 무사히 발해로 돌아왔지요.

남편을 구하기 위해 홀로 적진으로 뛰어든 홍라녀의 용맹함은 발해뿐만 아니라 이웃 나라에까지 널리 알려져 오래도록 전설로 남았답니다.

호랑이 처녀와
사랑에 빠진 김현

신라 원성왕 때의 일이에요. 신라에서는 해마다 2월이 되면 처녀 총각들이 탑 주위를 돌며 한 해의 복을 빌었어요.

신라의 화랑인 김현도 밤이 늦도록 탑 주위를 돌았어요. 그러다 어느 처녀와 눈이 마주쳤지요. 두 사람은 서로 마음이 끌렸어요. 두 사람은 밤새 이야기를 나누다 사랑에 빠지고 말았어요.

"이제 그만 집에 돌아가야 해요. 다음에 다시 뵈어요."

처녀가 작별 인사를 했지만 김현은 기어코 처녀의 집까지 따라갔어요. 처녀는 산기슭 깊은 곳에 있는 초가집으로 들어갔어요. 초가집에는 처녀의 할머니가 있었어요. 처녀가 김현을 소개하자 할머니의 표정이 어두워졌어요.

"둘의 마음이 그렇다면 어쩔 수 없다만, 네 사나운 오라비들이 알까 봐 걱정이구나. 어서 저 총각을 숨겨 주거라."

처녀는 김현을 집 안 으슥한 곳에 숨겼어요. 김현은 어찌된 일인지 아리송했지만 시키는 대로 했어요.

이윽고 호랑이 세 마리가 집으로 들어왔어요.

"킁킁. 집에서 사람 냄새가 나는군. 잡아먹어 배를 채워야겠다."

그 말에 할머니가 시치미를 떼며 호랑이들을 나무랐어요.

"네 녀석들 코가 이상하구나. 무슨 냄새가 난단 말이냐!"

이때, 하늘에서 쩌렁쩌렁한 목소리가 들려왔어요.

"고얀 호랑이 놈들! 네 녀석들이 걸핏하면 죄 없는 사람들의 목숨을 해치니 그 죄를 물어 벌하리라!"

세 마리 호랑이가 쩔쩔매자 처녀가 앞장서 말했어요.

"오라버니들의 벌은 제가 대신 받겠어요!"

하늘이 이를 허락하자 세 호랑이는 꽁무니가 빠지게 도망을 갔답니다. 처녀는 김현에게 다가가 슬픈 목소리로 말했어요.

"사실 저는 호랑이에요. 세 오라버니가 난폭하여 벌을 받아야 했는데, 제가 대신 그 벌을 받기로 했어요. 하지만 다른 사람 손에 죽느니, 사랑하는 당신 손에 숨을 거두고 싶어요. 제가 마을로 내려가 사람들을 해칠 때 나타나서 저를 잡아 주세요."

호랑이 처녀에게 마음을 빼앗긴 김현은 한사코 거절했지만, 그녀의 간곡한 부탁에 어쩔 수 없이 고개를 끄덕이고 말았어요.

다음 날, 호랑이 처녀의 말대로 호랑이 한 마리가 마을로 들이닥쳤어요. 왕이 이 일을 알고 커다란 상을 걸었어요.

"호랑이를 잡는 사람에게 큰 벼슬을 내리리라!"

김현은 호랑이 처녀와의 약속대로 칼을 들고 나섰어요. 호랑이를 쫓아 숲으로 들어가니 어느새 호랑이는 처녀로 변신해 김현을 맞았어요.

"제 부탁을 들어주셔서 감사합니다."

처녀는 김현에게서 칼을 빼앗아 스스로 목숨을 끊었어요. 처녀는 다시 호랑이로 변해 바닥에 쓰러졌어요.

김현은 호랑이를 잡은 대가로 벼슬을 얻었어요. 그리고 호랑이 처녀를 기리고자 '호원사'라는 절을 지었다고 합니다.

언제 무슨 일이? 785년 신라 38대 왕 원성왕 즉위

신라가 삼국을 통일하고 약 100년의 시간이 흘렀어요. 하지만 평화롭고 풍요로운 시기는 그리 길지 않았어요. 왕권을 노리는 왕실과 귀족들의 싸움이 몹시 심했기 때문이에요. 신라의 겉은 무척 화려했지만 그 속은 조금씩 썩어 가고 있었습니다.

효녀 지은

서라벌 어느 마을에 지은이라는 소녀가 살았어요. 지은은 아버지를 여의고 홀로 눈 먼 어머니를 모시며 가난한 살림을 힘겹게 꾸려 갔어요.

세월이 흘러 어느덧 지은의 나이도 서른하고도 두 살이 되었어요.

"혼기가 지났으니 너도 어서 짝을 찾아야 할 텐데……."

"제가 떠나면 어머니는 누가 돌보나요. 저는 평생 어머니 곁에 있겠어요."

그 해에 지독한 흉년이 들었어요. 먹을 것이 없어 굶는 날이 더 많았지요. 지은은 자신보다도 어머니의 건강이 상할까 걱정이 되어 잠을 이루지 못했어요. 결국 지은은 어머니 몰래 큰 결심을 했어요.

"이 집의 종이 되어 일하게 해 주세요."

지은은 부잣집의 종이 되는 대가로 쌀 열 섬을 받았어요. 온종일 고되게 일했지만 어머니께 쌀밥을 지어 드릴 수 있어 행복했어요.

"지은아, 쌀밥을 먹으면서도 속이 편치 않으니 이게 어쩐 일이냐?"

지은은 어머니가 캐묻자 어쩔 수 없이 부잣집에 종으로 들어가게 되었다고 말했어요. 모녀는 부둥켜안고 눈물을 흘렸어요. 두 사람의 통곡 소리는 담을 넘어 마을까지 들렸어요. 마을 사람들도 지은의 효성에 감동해 함께 눈물을 흘렸어요.

지은의 이야기는 널리 퍼져 왕의 귀에까지 들어갔어요.

"신라에 이렇게 극진한 효녀가 있다니. 이는 신라의 자랑이므로 당장 상을 주어 칭찬하도록 하라."

왕은 효녀 지은에게 집 한 채와 곡식 500섬을 주어 평생 잘 살 수 있게 도왔다고 합니다.

바다의 왕 장보고

신라는 바닷가에 들끓는 해적들에게 속수무책으로 당하고 있었어요. 때마침 당나라에서 돌아온 장보고가 흥덕왕을 만났어요.

청해진

"저는 미천한 신분이지만 당나라로 건너가 학문을 익히고 무술을 갈고닦아 당나라 군대의 장교가 되었습니다. 저는 그곳에서 해적들에게 잡혀 와 노비로 팔리는 신라 사람들을 무수히 봤습니다. 더는 두고 볼 수 없어 내 나라 신라를 위해 일하러 돌아왔습니다. 부디 제게 병사 1만을 내주십시오. 청해에 진을 만들어 해적들이 얼씬도 못 하게 하겠나이다."

해적 때문에 골머리를 썩던 흥덕왕은 장보고의 제안을 기쁘게 받아들였어요.

장보고는 청해(지금의 완도)에 진을 세우고 병사들을 훈련시켰어요. 바다를 오가는 움직임 역시 매섭게 감시했지요.

"서쪽 해안으로 다가오는 배가 수상합니

완도는 뱃길로 중국과 일본에 닿기 좋은 위치라서 해군기지를 세우기에 안성맞춤이었어.

다!"

"왜구가 나타났다! 닻을 올리고 바람을 맞아 속도를 올려라!"

장보고는 바닷길을 손바닥 들여다보듯 했어요. 신라뿐 아니라 당나라에 얼씬거리는 해적들까지 말끔히 소탕하였지요. 더는 신라 사람들이 노비로 팔려 가지 않아도 되었어요. 바다를 오가는 상인들의 배도 해적들로부터 안전하였어요.

"바다의 질서를 어지럽히던 해적들이 사라졌군. 이제 바다의 질서를 다시 세울 차례다."

장보고는 당나라와 신라, 일본의 무역상들을 연결해 주었어요.

해군 기지였던 청해진은 이제 무역의 중심지가 되었어요. 청해진은 어느 때보다 떠들썩해졌어요. 세상의 진귀한 보물들이 오가는 곳이 되었지요. 장보고는 바다의 주인으로서 큰 부를 쌓았고, 명예를 드높였어요. 신라 왕실에서도 장보고의 세력에 감히 맞설 수가 없었어요.

이즈음 신라는 왕위를 노리는 귀족들이 치열한 싸움을 계속하고 있었어요. 그 가운데 김우징이 청해진으로 가 장보고에게 도움을 요청했어요.

"나를 왕으로 만들어 주시오. 그대가 도와준다면 충분히 해 볼 만한 싸움이오. 이 싸움에서 승리하면 그대의 딸을 왕비로 삼겠소."

장보고는 군사를 일으켜 김우징을 왕으로 만들었어요. 그러나 김우징이 갑작스럽게 죽음으로써 그의 아들이 왕이 되었어요. 문성왕이었지요. 문성왕은 장보고의 딸을 왕비로 삼기로 했어요. 하지만 신라의 귀족들은 장보고의 힘이 커지는 것이 두려웠어요.

"장보고가 이대로 왕실과 관계를 맺도록 두실 겁니까? 저자의 세력이 더 커지면 우리가 위험해집니다."

그리하여 신라의 귀족들은 몰래 사람을 시켜 장보고의 목숨을 빼앗았어요. 장보고는 한때 드넓은 바다를 손아귀에 넣고 세상에 이름을 떨쳤지만 비참하게 생을 마감하고 말았답니다.

🌀 **언제 무슨 일이?** 828년 장보고가 완도에 청해진 설치

장보고가 세운 청해진은 신라 교역의 중심지였어요. 이는 신라의 경제 발전에 큰 보탬이 되었지만, 신라의 왕실과 귀족들은 장보고의 세력이 커지는 것이 두려워 청해진을 없애 버렸어요. 신라에서는 여전히 권력을 좇는 다툼이 계속되었고, 백성들의 삶은 더욱 더 황폐해져 가고 있었습니다.

최치원의 쌍녀분 전설

신라 출신의 최치원은 어린 나이에 당나라로 유학을 갔어요. 일찍이 천재적인 기질을 보인 최치원은 열여덟 살에 당나라의 과거 시험에 합격해 사람들을 깜짝 놀라게 했어요.

시험에 합격한 최치원은 당나라 고을의 관리가 되었어요. 그곳에는 쌍녀분이라는 오래된 무덤이 있었어요. 하루는 최치원이 쌍녀분에 관한 시를 지어 읊었는데, 갑자기 눈앞에 한 시녀가 나타났어요.

"이 무덤의 주인들께서 방금 읊으신 시를 잘 들었다 하십니다."

최치원은 깜짝 놀랐지만 곧 마음을 가라앉히고, 무덤의 주인들을 만나고 싶다는 내용의 시를 읊었어요. 그러자 잠시 뒤, 그윽한 향기가 풍기며 아름다운 두 여인이 모습을 드러내었어요.

"저희는 이 고을의 부잣집에서 나고 자란 자매입니다. 그런데 아버지께서 우리를 뭇 남정네에게 시집보낸다 하셔서 그 뜻을 거역할 수도 없고 받아들일 수도 없어 결국 자결을 택했습니다. 이 한을 풀 데가 없어 안타까웠으나 우리의 이야기를 들려줄 귀한 이를 만났으니 더는 바라는 바가 없습니다."

최치원과 두 여인은 술잔을 주고받으며 밤새 깊은 이야기를 나누었어요. 시간이 가는 줄도 모르고 즐기다가 달이 지고 닭이 울어서야 두 여인은 슬픈 얼굴로 이별을 말했어요.

"이제 헤어져야 할 때입니다. 마지막으로 이 즐거운 기분을 시로 지어 바칩니다."

그러고는 두 여인은 홀연히 사라져 버렸어요. 그러자 최치원은 자매의 시에 아름다운 시로 화답하고 그 자리를 떠났습니다.

통일신라

귀신을 쫓는 처용

신라의 헌강왕이 동해 바닷가에서 즐거운 시간을 보내고 있는데, 갑자기 구름과 안개가 주위를 뒤덮었어요. 왕이 기이하게 여겨 물으니 한 신하가 나서서 말했어요.

"바다의 용이 장난을 치는 듯하니 용을 달래셔야 합니다."

"그렇다면 여봐라, 근처에 절을 지어 동해 바다의 용을 달래도록 하라!"

울산에 있는 '망해사'는 신라의 헌강왕이 용과 한 약속을 지키려고 지은 절이라고 해.

왕의 말이 끝나기가 무섭게 구름과 안개가 걷히면서 용이 모습을 드러냈어요. 용은 일곱 아들을 함께 데려왔는데, 왕 앞에서 기쁜 듯 노래를 부르며 춤을 추었어요. 그 가운데 아들 하나가 왕을 따라 서라벌로 왔어요.

왕은 용의 아들을 '처용'이라 부르며 높은 벼슬을 주었어요. 또한 아름다운 여인과 혼례를 치르게 해 주었지요.

어느 날 처용이 밤늦도록 노닐다 집으로 돌아오니, 전염병을 퍼뜨리는 역신이 부인과 함께 누워 있었어요. 그러나 처용은 화를 내거나 달아나지 않았어요. 오히려 마당에서 춤을 추며 노래를 불렀지요.

서라벌 밝은 달밤에 밤늦도록 놀며 다니다가
들어와 자리를 보니 다리가 넷이구나.
둘은 내 것이지만 둘은 누구의 것인고?
본디 내 것이다만 빼앗긴 것을 어찌하리.

처용의 노래에 감동한 귀신은 눈물을 흘리며 처용 앞에 무릎을 꿇었어요.

"제가 부인을 탐내어 큰 잘못을 저지르고 말았습니다. 그런데도 저를 벌하지 않으시고 춤과 노래로 마음을 달래시니 분명 공은 보통 분이 아니십니다. 저의 잘못을 깊이 반성하며 앞으로 공의 근처에는 얼씬도 하지 않겠습니다."

이 일이 있은 뒤로 신라에서는 처용의 얼굴을 그려 문 앞에 붙여 놓는 풍습이 생겼어요. 이렇게 하면 전염병 귀신을 막을 수 있다고 생각했기 때문이에요.

◑~ 언제 무슨 일이? 신라 헌강왕(875~886년)때 망해사 창건

헌강왕이 용과 한 약속을 지키기 위해 망해사를 지은 곳은 지금의 울산이에요. 신라는 서라벌과 가까운 울산에 항구를 만들고 다른 나라와 활발하게 교류했어요. 당나라와 일본, 서양과 서아시아와도 교류하며 신라의 이름을 널리 알렸어요.

역사
깊이 보기

혜초의 인도 여행기 〈왕오천축국전〉

신라의 승려인 혜초는 불교 연구를 위해 당나라로 유학을 갔어요. 당시 신라의 불교 문화는 당나라로부터 전해졌기 때문이에요.

당나라에서 혜초는 인도 출신 승려의 제자가 되었어요. 그리고 불교가 인도에서부터 전파되었다는 사실을 알고 다시 인도로 가는 배에 몸을 실었어요.

인도에 도착한 혜초는 불교 유적지를 둘러보며 부처님의 자취를 찾았어요. 4년 동안 인도를 돌며 불교를 연구한 혜초는 이번에는 다시 중앙아시아로 넘어갔어요.

혜초는 이곳에서 비단길을 직접 보았어요. 비단길은 동양과 서양이 문물을 주고받기 위해 무역꾼들이 지나다닌 길을 말해요. 동양에서 서양으로 간 대표적인 물건이 중국의 비단이었기 때문에 '비단길'이라고 불리게 되었지요. 영어로는 실크로드라고 하지요. 혜초는 중앙아시아에서 여러 나라의 무역꾼들이 모여 큰 시장을 이루고 있는 모습을 보기도 했어요.

중국의 돈황에 도착한 혜초는 10여 년 동안 보고 겪은 것들을 글로 적었어요. 인도, 동남아시아, 중앙아시아의 기후와 자연환경, 풍습, 역사 등을 꼼꼼하게 기록했지요.

혜초가 남긴 이 귀중한 자료는 1908년 돈황의 한 석굴에서 발견되었어요. 세계 최초의 여행기라고 알려진 이 글이 〈왕오천축국전〉이랍니다. '천축국'은 당시 인도를 가리키던 말이었고, 인도의 다섯 개 나라를 다녀왔기 때문에 '왕오'라는 말을 덧붙였던 거예요.

통일신라

활을 잘 쏘는 거타지

신라 진성여왕의 막내아들인 양패는 사신이 되어 당나라로 가야 했어요. 바야흐로 이때는 먹고살기 힘든 백성들이 농사일을 놓고 칼을 들어 도적이 되던 시절이었어요. 그래서 양패는 활 잘 쏘는 군사 쉰 명을 뽑아 함께 당나라로 향했어요.

양패가 탄 배는 당나라로 가던 중에 거센 바람과 높은 파도를 만났어요. 일행은 하는 수 없이 곡도라는 섬에 배를 대고 파도가 가라앉기를 기다렸어요. 그러나 열흘이 지나도록 바람은 잦아들지 않았어요. 하루하루 걱정하며 지내던 어느 날, 양패는 꿈을 꾸었어요. 꿈에서 한 노인이 나타나 이렇게 말했어요.

"활 잘 쏘는 사람 하나를 이 섬에 두고 가십시오. 그러면 바람이 멎고 파도가 가라앉을 것입니다."

잠에서 깨어난 양패가 꿈 이야기를 하며 사람들에게 물었어요.

"우리 중 과연 누구를 두고 가는 게 좋겠습니까?"

"나뭇조각에 각자 이름을 써서 연못물에 던져 보는 게 어떻겠습니까? 그중 가라앉는 나뭇조각의 임자가 섬에 남도록 합시다."

모두 이 방법에 동의하고, 저마다 나뭇조각을 연못에 던졌어요. 그러자 모두 동동 떠오르는데, 딱 하나만이 물속에 가라앉았어요.

"거타지, 자네가 이 섬에 남아야겠네."

거타지가 고개를 끄덕이자 그때까지 거세게 일던 파도가 일순간에 잠잠해졌어요. 이윽고 양패 일행은 배를 타고 섬을 떠났습니다.

혼자 남은 거타지가 연못가를 서성이는데, 갑자기 연못에서 노인이 나타났어요.

"나는 서해 바다를 지키는 용왕이오. 매일 해 뜰 무렵이면 하늘에서 중이 내려와 우리 식구들을 하나씩 잡아먹는다오. 모두 잡아먹히고 이제 우리 부부와 딸 하나만 남았소. 내일 그 중이 나타나면 화살로 쏘아 없애 주시오."

거타지는 화살을 쏘았다 하면 백발백중 맞추는 자였어요. 그는 용왕의 부탁을 들어주기로 하고 연못가에 숨었어요.

다음 날 아침, 용왕의 말대로 하늘에서 중이 내려왔어요. 거타지는 잠자코 숨어 있다가 벌떡 일어나 화살을 쏘았어요.

"내 화살을 받아라!"

화살에 맞은 중이 여우로 변해 바닥에 쓰러졌어요. 곧이어 연못에서 용왕이 미소를 지으며 나타났어요.

"우리 가족을 구해 주어 고맙소. 그대의 용맹함을 믿고 내 딸을 맡기니 혼인해 주시오."

용왕은 꽃 한 송이를 거타지에게 건넸어요. 거타지는 꽃을 받아 소중히 품에 넣었어요. 그러고는 용왕이 부른 용들의 보호를 받으며 순식간에 당나라에 도착했어요.

당나라에서는 용의 보호를 받으며 온 신라의 사신을 보고는 깜짝 놀라 극진히 대접했어요. 당나라의 황제는 그에게 온갖 진귀한 물건을 선물로 주었지요.

신라로 돌아온 거타지는 소중히 간직했던 꽃을 품속에서 꺼냈어요. 곧 꽃이 활짝 피더니 아리따운 처녀로 변했어요. 거타지는 용왕의 딸과 혼인해 오래오래 행복하게 살았다고 합니다.

🌀 언제 무슨 일이? 887년 신라 진성여왕 즉위

진성여왕이 신라의 세 번째 여왕이 되었어요. 하지만 이때 신라는 급격히 내리막길을 걷고 있었어요. 왕족과 귀족들은 여전히 사치를 일삼았고, 백성들은 점점 더 가난해졌어요. 지방에서는 나라를 뒤엎을 세력들이 속속 일어나고 있었지요. 신라는 바람 앞의 등불 같았습니다.

저물어 가는 천년왕국 신라

신라는 삼국을 통일하며 풍요롭고 평화로운 시기를 맞이했지만, 이는 결코 오래 가지 않았습니다. 진골 귀족들은 서로 왕위를 차지하려고 싸웠으며, 장보고 같은 평민 출신까지도 세력을 키워 왕위를 넘보게 되었어요.

왕족과 귀족들이 권력 다툼을 하는 동안 백성들의 삶은 더욱 힘들어졌어요. 효녀 지은처럼 끼니도 해결하지 못하는 백성들이 허다했지요. 신라의 최치원은 당나라에서 돌아와 백성들이 고통을 겪는 걸 보고 마음 아파했어요. 그래서 나라를 살릴 대책을 마련해 〈시무 10조〉라는 글을 써서 진성여왕에게 올렸어요. 물론 그의 건의는 진골 귀족들에 의해 받아들여지지 않았지만요.

왕족과 귀족들이 끝없이 사치를 일삼자 나라의 곳간은 곧 바닥이 드러났어요. 나라에서는 곳간을 다시 채우기 위해 백성들에게 더 많은 세금을 걷었지요.

백성들은 더는 견딜 수 없었어요. 평범한 농민이었던 원종과 애노는 관리들이 나라를 돌보지 않았기 때문에 백성들이 힘들어졌다고 생각했어요. 그래서 뜻이 같은 농민들을 모아 세차게 일어났어요.

농민들이 힘을 모아 일어나자 신라 조정은 당황했어요. 막으려고 군사를 보내 봤지만 농민들의 분노를 잠재울 수는 없었어요.

계속하여 신라 곳곳에서 농민 봉기의 깃발이 솟았어요. 이미 조정에서는 손을 못 쓸 정도로 세력이 확대되었지요. 나라가 힘을 완전히 잃게 된 거예요.

2

후삼국이 세워지다

신라는 왕과 귀족들의 부패로 급격히 내리막길을 걷고 있었어. 신라가 힘을 잃은 틈을 타 지방에서는 세력을 키운 호족들이 심상치 않은 움직임을 보였어. 그중에서도 세력이 컸던 견훤과 궁예가 각각 나라를 세우면서 한반도는 다시 셋으로 나뉘게 되었지. 이를 후삼국이라고 한단다. 각 나라가 어떻게 세워지고 어떤 싸움을 벌였는지 알아보자.

후삼국

후백제를 세운 견훤

🌀 이야기 하나

옛날 어떤 부자에게 아름다운 딸이 있었어요. 하루는 이 딸이 한참을 머뭇거리다가 아버지에게 말했어요.

"아버지, 밤마다 자줏빛 옷을 입은 사내가 제 방에 와서는 잠을 자고 가요."

"그놈이 누군지 알아내어 벌할 것이다! 또다시 나타나거든 실을 꿴 바늘을 놈의 옷깃에 꽂아 두거라."

그날 밤, 자줏빛 옷을 입은 사내가 나타나자 딸은 아버지가 시키는 대로 했어요.

"날이 밝았으니 실을 따라가 보자."

실은 담장 아래에서 멈추었어요. 담장 밑을 들여다보니 커다란 지렁이의 허리에 바늘이 꽂혀 있었어요.

그 뒤 딸이 사내아이를 낳았는데, 그 아이가 바로 견훤이었어요.

견훤이 태어나고 얼마 지나지 않아서 이런 일도 있었어요. 젖먹이인 견훤을 잠시 숲

> 견훤은 867년 지금의 경상 북도 문경 지역에서 태어났어. 아버지는 농민이었다가 장군이 된 사람이었으니 이 이야기는 훗날 견훤이 영웅이 되면서 그와 관련된 신비한 이야기가 덧붙여진 게 아닐까?

66

에 내려놓았는데, 무시무시한 호랑이가 다가왔어요. 그런데 그 호랑이는 견훤을 해치기는커녕 견훤에게 젖을 먹이는 게 아니겠어요. 참으로 기이한 일이었죠. 그 때문인지 견훤은 우람한 체격의 용맹한 아이로 자라났어요.

청년이 된 견훤은 신라의 군인이 되었어요. 늘 남보다 앞장서서 용맹하게 싸웠고, 그래서 그를 따르는 자들이 점차 많아졌어요.

이야기 둘

"이대로는 못 살겠다!"

신라 곳곳에서 백성들이 들고 일어났어요. 그러나 신라 조정은 이런 백성들을 막을 힘이 없었어요.

"신라는 이제 끝이다. 나, 견훤이 새로운 나라를 세워 이 혼란함을 바로잡을 것이다!"

견훤은 부하들을 이끌고 완산주와 무진주를 차례대로 습격해 차지했어요. 많은 백성이 새

완산주는 지금의 전라북도 전주 지역이고, 무진주는 전라남도 광주 지역이야.

우두머리인 견훤을 따르고자 몰려들었지요.

견훤은 사람들 앞에서 이렇게 외쳤어요.

"원래 이곳은 백제의 땅이었다. 그러나 당나라와 신라가 연합하여 백제를 멸망시켰다. 나라를 잃은 백제의 백성들이여, 목숨을 잃은 의자왕의 원한을 내가 갚아 주겠다!"

나라를 잃고 어쩔 수 없이 신라의 지배를 받아 오던 백제의 유민들은 견훤의 등장을 무척 반겼어요. 견훤은 백제 유민들의 열렬한 지지를 받으며 새로운 나라의 왕이 되었지요. 견훤은 나라의 이름을 '백제'라고 했어요.

과거의 백제와 구분하기 위해 견훤이 세운 백제를 '후백제'라고 부르는 거야.

🐌 언제 무슨 일이?   900년 견훤이 후백제 건국

신라의 군인 출신 견훤이 지금의 전라도 지역을 차지하고 후백제를 세웠어요. 후백제는 완산주(지금의 전주)를 도읍으로 삼고 점차 세력을 키워 나갔어요. 이는 전라도 호족들의 뒷받침 없이는 불가능한 일이었지요.

호족의 등장

신라의 왕족과 진골 귀족들이 권력 다툼을 하느라 신라 조정은 나라 구석구석까지 돌볼 여력이 없었어요.

나라가 혼란스러운 틈을 타 지방의 힘 있는 자들은 스스로 자기 고장을 다스렸어요. 이들은 점차 세력을 키워 성을 쌓고, 자신의 군대를 거느리기도 했어요. 직접 관리를 두어 세금을 걷기도 했지요. 호족들은 자신의 군대를 마을에 배치해 도적들로부터 마을을 지켰어요. 이들은 스스로를 성주, 장군, 심지어 왕이라고도 부르며 지역을 다스리는 실권자가 되었어요. 점차 왕실에서도 이들을 함부로 대할 수가 없어졌어요. 백성들도 힘없는 조정보다는 호족들에게 더 의지하게 되었어요.

전국에는 크고 작은 호족 무리들이 있었어요. 견훤처럼 군사를 바탕으로 한 호족, 장보고처럼 해상을 이용한 호족이 있는가 하면, 왕건처럼 부유한 재력을 바탕으로 힘을 키운 호족, 궁예처럼 왕족 출신이면서 다른 호족과 힘을 합한 세력도 있었어요. 이제 이 땅의 중심은 왕실이 있는 서라벌이 아니고, 호족들이 다스리던 각 지방이었어요.

나라가 혼란스러워지니 새로운 나라를 꿈꾸는 자들이 나타났어요. 후삼국 시대를 연 견훤과 왕건도 호족의 든든한 지원을 받으며 세상에 나온 사람들이었어요.

후삼국

후고구려를 세운 궁예

 이야기 하나

지붕 위에 하얀 무지개가 걸렸어요. 마당을 거닐던 사람들은 불길한 느낌을 떨치려는 듯 고개를 세차게 저었어요.

"아이가 태어났습니다. 그런데 갓난아이가 이가 났더군요. 참 희한한 일입니다."

아이는 신라의 왕과 궁녀 사이에서 태어났어요. 하늘을 보며 점을 치던 신하는 왕에게 아뢰었어요.

"아이가 불길한 기운을 갖고 태어났습니다. 장차 나라에 해가 될 아이니 지금 없애는 게 좋겠습니다."

"당장 그 아기를 죽이도록 하라!"

임금의 명령을 받은 신하는 높은 누각 위에서 아기를 아래로 던졌어요. 누구라도 아기가 죽었을 거라고 생각했지요.

그러나 때마침 누각 아래를 지나던 유모가 떨어지던 아기를 받았어요. 아기는 다행히 목숨을 구했지만, 유모의 손가락에 그만 눈이 찔리고 말았어요. 이 일로 아기는 평생을 외눈으로 살아야 했어요.

아기를 구한 유모는 그 길로 도망쳐 남들 눈을 피해 숨어 살았어요. 그

70

리고 아이가 열 살이 되었을 때 아이에게 모든 사실을 말해 주었어요.

"너는 왕의 자식이었지만 나라의 버림을 받았다. 하지만 난 너를 버릴 수 없었다."

"저를 데려다 기른 것이 탄로 나면 어머니의 목숨도 위험해집니다. 저는 이제 어머니를 떠나겠습니다."

이렇게 태어날 때부터 기구한 운명을 짊어진 이가 바로 '궁예'예요.

이야기 둘

궁예는 절에 들어가 승려가 되었어요.

어느 날, 절 마당 위를 날던 까마귀가 궁예 앞에 무언가를 툭 떨어뜨렸어요. 궁예가 물건을 주워 보니 나뭇가지에 선명하게 '왕(王)' 자가 써 있었어요.

'이건 하늘의 계시가 틀림없어. 내게는 왕의 피가 흐르고 있지 않은가. 나는 반드시 왕이 될 것이다!'

한편, 신라 조정은 왕권 다툼으로 진흙탕이 된지 오래였어요. 지방에서는 호족끼리의 세력 다툼이 치열했고요.

궁예는 양길의 부하로 들어갔는데, 그는 북원 지역을 차지하고 있던 호족이었어요. 양길은 풍채가 좋고 기개가 남다른 궁예를 눈여겨보았어요. 궁예는 그 기대에 부응하듯 병사를 거느리고 주변 지역을 차례로 점령해 갔어요.

> 북원은 지금의 강원도 원주, 명주는 지금의 강릉, 송악은 지금의 개성이야.

궁예의 전략과 전투 솜씨는 누구보다 뛰어났어요. 궁예는 곧 명주의 최고 우두머리가 되었고, 그를 따르는 자들 역시 셀 수 없이 많아졌어요.

그러던 어느 날 송악의 호족인 왕륭이 궁예를 찾아왔어요.

"장군의 일이라면 모든 것을 걸어 돕겠습니다. 대신 제 아들 왕건을 송악 지역의 성주로 삼아 주십시오."

> 궁예가 나라를 세운 곳은 옛 고구려 백성이 많은 곳이었어. 견훤이 그랬듯이 궁예도 고구려 사람들의 지지를 얻으려고 했지. "신라가 고구려를 격파했으니 내가 그 원수를 갚겠다!"라고도 했다니까.

왕륭의 집안은 대대로 무역을 통해 재산을 불리고 세력을 키운 호족 가문이었어요. 그는 궁예의 세력이 커지자 궁예의 신하가 되기를 청했어요. 궁예는 왕륭의 재산과 세력, '왕건'이라는 훌륭한 부하를 얻게 되었지요.

얼마 뒤 궁예는 자신을 거둔 양길을 밀어내고 스스로 나라를 세워 왕이 되었어요. 송악을 도읍지로 삼고, 나라의 이름은 '후고구려'라고 했습니다.

이야기 하나

궁예는 스스로를 '미륵부처'라고 했어요.

"백성들은 나를 살아 있는 부처로 섬기도록 하라."

궁예는 신처럼 행동하며 나라를 키워 갔어요. 신라를 멸망시킬 거라는 자신감이 하늘을 찔렀어요. 백성들은 궁예가 비참한 삶으로부터 구원해 줄 것이라고 믿고 따랐지요.

그러나 호족들은 궁예의 힘이 너무 커지는 것이 불만이었어요. 서서히

궁예에게 반대하는 사람들이 하나둘 생
겨났어요.

"내게는 사람의 마음을 들여다보는 능력이
있다! 나에게 반기를 드는 자들은 무참히 없
애 버리겠다!"

궁예는 조금만 의심이 들면 피도 눈물도
없이 칼을 휘둘렀어요. 심지어는 자신의
아내와 자식들마저 의심하여 목숨을 빼앗았
어요.

"궁예가 미치광이가 되었소."

신하들의 마음도, 백성들의 마음도 차츰
그를 떠났습니다.

🌀 언제 무슨 일이? 901년 궁예가 후고구려 건국

궁예는 호족 왕륭의 도움으로 송악을 도읍으로 한 '후고구려'를 세우고 강원,
경기, 황해도 지역을 차지했어요. 이로써 한반도는 견훤이 세운 후백제와 궁예
의 후고구려, 신라 세 나라로 나뉘었습니다.

후삼국

고려를 세워
후삼국을 통일한 왕건

"궁예 저자를 저대로 두실 겁니까?"

"포악하기가 이루 말할 수 없습니다. 우리 호족뿐 아니라 백성들도 왕에게 등을 돌리고 있습니다."

호족들이 왕건을 설득했어요. 그들은 궁예를 몰아내고 왕건을 왕으로 추대하고자 했지요.

"당신만이 병사를 일으켜 난폭한 왕을 처벌할 수 있습니다."

왕건의 부인도 남편을 위해 손수 칼과 갑옷을 준비하며 왕건이 후고구려의 새 주인이 되기를 바랐어요. 호족들의 지지를 얻은 왕건이 마침내 궁예를 왕의 자리에서 몰아냈어요. 그리고 나라 이름을 고려로 했지요.

"고려는 고구려의 기상을 이어받아 삼국을 통일하는 대업을 이룰 것이다!"

왕건은 고려의 왕이 되었고, 힘 있는 호족들과 좋은 관계를 맺으려 애를 썼어요. 그래서 각 지방 호족의 딸들과 결혼을 하며 힘센 호족들을 자기편으로 만들었어요.

궁예는 호족들을 억누르다가 결국 그들에게 쫓겨났어. 이를 본 왕건은 호족들과 좋은 관계를 유지하려고 했지.

왕건의 상대는 후백제의 견훤이었어요. 후

고구려와 후백제는 엎치락뒤치락 싸움을 이어
갔어요.

"견훤이 신라 경애왕의 목숨을 빼앗았다고
한다. 견훤의 후백제는 군사력이 막강해 앞뒤
가리지 않고 달려든다. 절대 만만하게 보아서
는 아니 된다."

견훤이 군사를 동원해 곳곳을 손아귀에 넣자 백성들은 공포에 떨었어
요. 반면, 왕건은 호족들 앞에서 자신을 낮추었어요. 위기에 놓인 신라에
게도 깍듯이 대했지요.

왕건의 작전은 잘 먹혔어요. 호족들과 백성들, 심지어 신라까지 왕건
이 이끄는 고려 편에 서게 되었지요.

"고려의 백성이 되면 살 만할 것 같아요."

"왕건을 도와 후백제를 무너뜨립시다!"

신라의 경애왕은 포석정에서
신하들과 잔치를 벌이다 견훤
에게 비참한 최후를 맞았지.

이즈음 후백제에 뜻밖의 일이 생겼어요. 후백제의 왕자 신검이 후계 자리에 불만을 품고 아버지인 견훤을 금산사에 가둬 버린 것이었어요. 얼마 뒤 견훤은 금산사에서 탈출해 왕건에게로 도망갔어요. 그는 분노에 차 왕건에게 부탁했어요.

"내가 세운 후백제를 아들의 손에 빼앗기고 말았소. 내가 아들을 잘못 키워 벌어진 일이니, 당장 후백제를 쳐서 내 아들 신검을 벌해 주시오!"

이렇게 아버지와 아들의 비극적인 전쟁은 시작됐어요. 이미 힘이 커진 후고구려에게 후백제는 상대가 되지 않았어요. 이쯤 되자 신라의 마지막 왕, 경순왕도 왕건에게 나라를 바치며 항복해 왔어요.

마침내 왕건은 후삼국을 통일하고 '고려'라는 하나의 나라를 이뤄 냈어요.

 언제 무슨 일이? 936년 왕건이 후삼국 통일

고려는 후백제와의 마지막 전투에서 승리함으로써 새로운 통일 국가, 고려를 완성했어요. 발해가 멸망하면서 갈 곳 잃은 발해의 유민들 역시 고려에 흡수되었지요. 고려의 통일은 단순히 영토를 하나로 합친 것이 아니었어요. 그것은 한 민족의 정치, 사회, 문화를 통일한 위대한 사건이었어요.

이야기 하나 더

왕건과 물 긷는 처녀 이야기

왕건이 궁예의 신하였을 때의 이야기예요. 왕건은 궁예의 명령으로 나주에 머물며 견훤이 이끄는 후백제와 긴 전투를 벌이고 있었어요.

하루는 군사를 이끌고 길을 가고 있었어요.

"목이 마르구나. 근처에 우물이 있는지 알아보거라."

그때 한 군사가 나주 금성산 아래쪽을 가리켰어요.

"장군님, 금성산 아래에 오색 빛깔 구름이 드리운 것이 예사롭지 않습니다."

그 즉시 왕건은 말을 타고 달려갔어요. 그곳은 물을 긷는 우물가였는데, 얼굴이 달처럼 맑고 어여쁜 처녀가 빨래를 하고 있었어요. 처녀는 낯선 사내를 보고 고개를 숙였어요.

"목이 마르니 물을 좀 주시겠습니까?"

왕건이 부탁하자 처녀는 말없이 바가지에 물을 담고, 그 위에 버드나무 잎을 띄워 왕건에게 건넸어요.

왕건이 의아하게 여겨 물었어요.

"어찌하여 먹을 수도 없는 버드나무 잎을 물에 띄운 것입니까?"

"장군께서 목이 탄다 하시니 혹여 물을 급히 마시다가 체할까 염려되어 그리 하였습니다. 나뭇잎을 후후 불며 천천히 드십시오."

처녀가 얼굴을 붉히며 대답했어요. 왕건은 처녀의 마음씨에 감동해 그 길로 처녀의 아버지를 찾아가 혼인을 약속받았어요. 훗날 왕건이 고려의 왕이 되었을 때, 이 처녀는 고려의 왕비 장화왕후가 되었지요.

두 사람이 만난 우물은 지금까지 남아 있어요. 덕분에 왕건과 장화왕후의 이야기도 마르지 않은 샘물처럼 오래도록 전해지고 있답니다.

3

고려, 기틀을 잡다

우리는 한민족이라는 감정을 언제부터 갖게 되었을까? 아마 고려 때부터일 거야. 고려는 후삼국을 통일하고 발해의 유민들까지 받아들임으로써 민족을 하나로 모았어. 한반도를 다시 통일한 왕건에게는 어떤 꿈이 있었을까? 고려가 어떻게 새 역사를 써 나갔는지 그 이야기를 들어 보자.

고려

낙타를 굶겨 죽인 왕건

"폐하, 거란에서 온 사신들이 궁에 도착하였습니다."

신하의 말에 왕건이 자리에서 벌떡 일어났어요. 눈썹이 꿈틀꿈틀 요동치는 모습을 보고 신하들은 황급히 허리를 숙였어요.

"고려는 고구려의 혼을 이어받은 나라라는 걸 잊었소! 거란은 발해를 멸망시킨 족속이니 이들은 곧 우리의 원수요! 어찌 적들을 함부로 궁에 들인단 말이오!"

왕건이 불같이 화를 내자 신하들은 식은땀을 비질비질 흘렸어요. 그중 한 신하가 용기를 내어 말했어요.

"황공하오나 폐하, 거란은 이미 견줄 수 없을 만큼 세력이 커져 있습니다. 그러니 거란과는 좋은 관계를 맺으시는 게……."

"그 입 다무시오! 나는 반드시 거란이 차지한 옛 고구려의 땅까지 되찾고 말 것이오!"

왕건은 신하들이 말릴 틈도 없이 문을 박차고 밖으로 나갔어요. 거란에서 온 삼십 명의 사신들이 왕건을 바라보았어요.

"고려의 왕이시여! 거란의 황제께서 고려의 건국을 축하하고자 친히 저희를 보내셨습니다. 황제께서는 선물로 낙타 오십 마리도 함께 보내

주셨으니 부디 귀하게 여기시어 잘 보살펴 주십시오."

왕건은 사신의 인사에 비웃음을 던지며 신하에게 명령했어요.

"적이나 다름없는 이자들을 당장 내쫓아라. 그리고 저들이 가져온 괴상하게 생긴 짐승들을 만부교 다리 밑에 매어 놓고 굶겨 죽여라!"

신하들은 왕건의 명령에 따라야 했어요. 거란에서 온 삼십 명의 사신들은 이름도 없는 섬으로 유배 보내졌고, 낙타 오십 마리는 다리 아래에 묶이고 말았어요.

"에구머니나! 저게 무슨 일이래요?"

"북쪽에 사는 거란 놈들이 선물로 보낸 짐승이라는데, 그거 참 괴상하게도 생겼네그려."

사람들은 호기심 가득한 눈으로 만부교에 묶인 낙타들을 구경했어요.

하지만 얼마 못 가 만부교 주위에는 얼씬도 하지 않게 되었어요. 굶주린 낙타들이 울부짖는 소리가 개경에 울려 퍼졌기 때문이에요. 얼마 후 낙타들은 가죽만 남은 채로 픽픽 쓰러졌어요.

고려의 신하들 사이에서는 걱정의 목소리가 흘러나왔어요.

"거란을 얕보아서는 안 될 텐데 말입니다. 긴 싸움이 시작될 것 같으니 이를 어쩌면 좋습니까?"

거란에서도 고려를 곱게 볼 리 없었어요.

"이제 막 시작한 애송이 주제에 감히 우리의 성의를 무시해!"

왕건은 거란이 차지한 고구려 땅을 되찾고자 북쪽으로 군사를 보냈어요. 두 나라 사이에 벌어질 긴 싸움의 신호탄이었습니다.

☁ 언제 무슨 일이? 942년 왕건이 거란의 수교 거절

왕건은 고구려와 백제, 신라, 발해에 이르기까지 모든 백성의 마음을 하나로 모으고자 노력했어요. 그러한 노력의 일환으로 왕건은 각 지방의 중요한 세력들에게 관직을 주었지요. 942년에는 거란의 수교를 거절하고, 고구려의 옛 땅을 되찾으려 노력했어요.

왕건은 29번이나 결혼을 했다?!

고려 초기, 왕건은 호족들을 어떻게 다스려야 할지 고민했어요. 호족들의 힘은 여전히 막강했으니 이들을 자신의 편으로 만들어야 한다고 생각했지요. 그래서 왕건은 강력한 군사력을 지녔거나 넓은 지역을 주름잡는 중요한 호족들과는 결혼을 통해 외척 관계를 맺기로 했어요. 호족들의 입장에서는 왕실과 사돈을 맺고 왕족의 후손을 볼 수 있으니 그들에게도 이득이었어요.

왕건에게는 왕이 되기 전에 두 명의 아내가 있었어요. 이후 27명의 아내를 더 맞았으니 그의 아내는 무려 29명이나 되었답니다. 이들 사이에서 낳은 자녀만도 수십 명이나 되었어요.

어떤 호족은 자신의 딸을 모두 왕건에게 시집보내기도 했어요. 왕건은 자신의 아들과 딸을 결혼시켜 부부로 만들기도 했어요. 서로 다른 두 집안을 결혼시키고, 이로써 왕실 안에서도 서로 사돈 관계를 맺게 한 것이었죠. 그럼으로써 서로 간에 분쟁이 일어나지 않기를 바랐어요.

왕건은 호족들에게 세력에 걸맞은 벼슬이나 땅을 주었어요. 또한 자신과 같은 성씨인 '왕'씨를 쓰도록 허락하기도 했어요. 후삼국 시대를 거치며 뿔뿔이 흩어져 있던 지방의 힘 있는 세력까지 한데 아우름으로써 왕권을 강화하려 했지요.

그러나 왕건의 기대와는 달리 머지않아 문제가 드러났어요. 자식들이 많아지면서 왕의 자리를 놓고 피 튀기는 싸움이 벌어진 거예요.

힘없는 왕, 혜종

태조 왕건이 죽고, 그 뒤를 이어 혜종이 고려의 왕이 되었어. 혜종은 왕건과 두 번째 부인인 장화왕후 사이에서 태어났지.

왕규는 노여움을 겨우 삭히며 두 딸을 향해 입을 열었어요.

"결국 장화왕후의 아들이 왕이 되었습니다. 왜 우리 집안에서 왕이 나오지 않는 것입니까? 내 두 딸이 고려의 열다섯, 열여섯 번째 왕비이거늘, 어찌하여 둘 중 누구도 태조 폐하의 마음을 돌려놓지 못한 것입니까?"

왕규는 광주 지역에서 큰 세력을 거느린 호족으로, 왕건에게 두 딸을 시집보내며 큰 벼슬을 하게 되었어요. 그에게는 자신의 후손을 왕으로 만들고 싶다는 큰 꿈이 있었어요. 하지만 눈앞에서 장화왕후의 아들이 왕이 되는 모습을 보고, 왕규는 속이 부글부글 끓었어요. 그런 이유로 그는 고려의 두 번째 왕이 된 혜종을 죽도록 미워했어요.

최지몽은 전남 출신의 호족으로, 고려의 개국 공신이었어요. 그런 그의 눈에 왕규의 수상한 움직임이 감지되었어요.

"폐하, 왕규의 움직임이 수상합니다. 본래 욕심이 큰 자이니 미리 조심하셔야 합니다. 폐하께서는 아무도 모르게 침소를 옮기시는 게 좋을 듯

합니다.”

　최지몽의 생각이 맞아떨어졌어요. 그날 밤, 왕규는 칼을 뽑아 들고 부하들과 함께 왕의 침소를 습격했어요. 다행히 혜종은 이미 몸을 피한 뒤였지요.

　왕규가 자신을 없애려 했다는 이야기를 전해 들은 혜종의 얼굴은 새하얗게 질렸어요. 최지몽이 울부짖었어요.

　“폐하! 감히 폐하를 위협하는 저들을 당장 처단하소서!”

　하지만 혜종은 힘없이 고개를 저을 뿐이었어요.

　“왕규의 세력이 얼마나 막강한지 잘 아시지 않소. 왕규를 잘못 건드렸다가는 오히려 더 위험해질 것이오. 다 내가 부족한 탓이니 이쯤에서 타협하는 게 좋겠소.”

　그 일이 있은 뒤로 혜종은 눈에 띄게 쇠약해졌어요. 목숨을 잃을까 두려워 뜬 눈으로 밤을 새기 일쑤였지요. 왕규 일당이 언제 들이닥칠지 몰라 침소를 자주 옮겨 다녀야 했어요. 해가 훤히 비치는 대낮에도 무사들의 보호를 받으며 궁궐을 거닐어야

만 했어요. 독을 탔을까 봐 음식도 마음 놓고 먹지 못했어요.

"폐하, 하루 빨리 심신을 회복하시어 나랏일을 돌보셔야 합니다. 그러려면 왕규를 당장……."

"그만 하시오."

혜종은 날이 갈수록 병색이 짙어지고 예민해졌어요. 점차 자리에 누워 일어나지 못하는 날이 잦아졌지요. 결국 왕위에 오른 지 2년여 만에 세상을 떠나고 말았습니다.

"흐흐흐! 이제 고려는 우리 손아귀에 있소이다."

그러나 왕규의 소망은 이루어지지 않았습니다. 그는 혜종이 왕의 자리에서 내려오기만을 바라느라 자신을 노리던 또 다른 세력이 있다는 사실을 깨닫지 못했거든요.

왕규 또한 꿈을 이루지 못하고, 고려의 세 번째 왕은 정종이 되었습니다. 그러자 왕규가 난을 일으켰어요. 난은 실패로 끝났고, 그는 죽임을 당하였지요. 이렇게 고려 초기의 왕실은 한 치 앞도 알 수 없었답니다.

> 정종은 왕건의 세 번째 부인인 신명순성왕후가 낳은 둘째 아들이야.

🌩 언제 무슨 일이? 943년 고려 2대 왕 혜종 즉위

왕건은 호족들과 사돈을 맺으면서까지 왕권을 강화하려 했어요. 하지만 후손들이 많아지면서 오히려 후계 경쟁이 치열해지는 결과를 낳고 말았어요. 이로써 고려는 왕권이 흔들리는 불안한 시기를 맞게 되었답니다.

최지몽의 꿈 이야기

왕건이 삼국을 통일하기 전의 일이에요. 하루는 왕건이 이상한 꿈을 꾸었어요. 꿈이 생생해 신하에게 꿈을 잘 풀이하는 자를 데려오라고 명령했어요.

신하는 수소문 끝에 뛰어난 점성술사를 데리러 막 떠난 참이었어요. 그런데 잠시 뒤, 궁궐 문 앞에서 한 소년이 소란을 피웠어요.

"폐하를 뵙게 해 주십시오! 폐하께서 저를 뵙고자 하십니다!"

우여곡절 끝에 왕건을 만나게 된 소년이 입을 열었어요.

"저는 별을 보고 점을 치는 자입니다. 사흘 전 별점을 보는데, 폐하께서 저를 필요로 하신다는 점괘를 받아 이곳에 오게 되었습니다."

왕건은 앞날을 내다보는 소년의 능력이 무척 신통했어요.

"그렇다면 내 꿈도 풀이해 보거라. 내가 꿈을 꾸기를, 깊은 산 속으로 사냥을 나갔다가 대궐보다도 큰 벌집에 들어가게 되었다. 이는 내가 벌집을 헤집은 꼴이니 흉몽 아니겠느냐?"

소년은 왕건의 이야기를 듣고 고개를 저었어요.

"폐하, 그것은 길몽이옵니다. 수백만 마리의 벌들이 들어찬 벌집은 많은 백성이 모여 사는 나라를 뜻합니다. 큰 벌집이란 삼국이 하나로 된 통일된 모습이니, 곧 폐하께서는 삼국을 통일해 수많은 백성을 다스리시게 될 겁니다."

왕건은 껄껄 웃으며 기뻐했어요.

"명쾌하게 꿈을 풀이하는 귀한 능력을 지녔으니 너를 내 곁에 두어야겠다. 네게는 '지몽(知夢, 꿈을 안다는 뜻)'이라는 이름을 주겠다."

최지몽은 신통한 능력을 지닌 덕에 높은 벼슬을 받고 나랏일을 돌보게 되었습니다.

87

은진미륵 이야기

따뜻한 어느 봄날, 한 아낙이 나물을 캐러 산에 올랐어요. 산 중턱쯤에서 푸릇푸릇한 나물을 캐고 있었지요.

"응애! 응애!"

아낙은 깜짝 놀라 엉덩방아를 쿵 찧었어요.

"아이구야! 산속에서 웬 아기 울음소리람?"

아기 울음소리는 끊이지 않고 계속 들려왔어요. 아낙이 울음소리를 따라가 보았어요.

"이상하네. 분명 여기서 아기 울음소리가 난 것 같은데."

아낙이 소리를 따라 달려가니 또 다른 곳에서 울음소리가 들리고, 다시 소리를 쫓아가면 이번에는 조금 전 그곳에서 아기가 우는 것 같았어요. 그렇게 산 중턱을 빙빙 헤맬 때였어요.

아기의 울음소리가 갑자기 뚝 그쳤어요. 그러더니 발아래가 우르르 흔들리며 땅속에서 커다란 바위가 솟았어요.

"부처님, 부처님! 이게 무슨 일입니까!"

아낙은 놀란 마음을 진정시키고 바위를 살펴보았어요. 그때 커다란 바위에서 환한 빛이 뿜어져 나왔어요.

땅속에서 커다란 바위가 솟았다는 소문이 고려의 임금인 광종의 귀에도 들어갔어요.

"가벼이 넘길 일이 아니다. 땅에서 바위가 솟았다는 것은 부처님의 능력이 아니면 불가능한 일이다. 바위를 불상으로 만들어 부처님의 뜻을 받들도록 하라."

광종이 불상을 만들라고 명령하자 전국에서 솜씨 좋은 조각장이들이 모였어요. 바위의 크기가 집채보다 더 커서 불상을 완성하기까지는 긴 시간이 필요했어요.

광종은 고려의 네 번째 임금이야. 왕건의 셋째 아들이자 두 번째 임금인 혜종의 동생이야.

이 일을 도맡아 하던 혜명 스님이 하루는 근심 어린 표정으로 불상을 살펴보았어요.

"이것 참 큰일이로군. 불상의 머리를 몸통 위로 올려야 하는데, 이렇게 크고 무거운 돌덩이를 어떻게 해야 들어 올릴 수 있단 말인가?"

그때였어요. 혜명 스님의 눈에 근처에서 진흙놀이를 하던 동자승들이 들어왔어요. 동자승들은 흙을 비스듬히 쌓아 그 위로 돌을 굴려 올리며 재미난 듯 까르르 웃고 있었어요. 혜명 스님은 무릎을 탁 쳤어요.

"그래! 먼저 흙을 높이 쌓아 올리고, 그 위로 불상의 머리를 굴려 올리면 되겠구나!"

혜명 스님이 감사의 말을 전하려는데, 동자승들은 이미 사라지고 없었어요.

"부처님께서 불상을 완성할 수 있도록 도우러 보내신 분들이로구나.

나무아미타불 관세음보살."

불상을 완성하는 데는 무려 37년의 시간이 걸렸어요. '은진미륵'이라고 불리는 이 불상은 처음 땅에서 솟을 때처럼 빛을 내며 고려의 백성들을 내려다보았다고 합니다.

은진미륵 불상은 충청남도 논산에 있는 관촉사라는 절에 있어. 높이가 18미터나 되는 거대한 불상이야.

⌇ 언제 무슨 일이? 949년 고려 4대 왕 광종 즉위

왕건은 고려를 세우고 후삼국을 통일한 것이 부처님 덕이라고 했어요. 나라의 바탕이 불교라는 것을 알린 거지요. 광종 또한 적극적으로 절을 짓고 불상을 세워 불교를 발전시켰어요. 불교를 통해 백성들의 마음을 하나로 모으려 했어요.

고려의 축제-연등회와 팔관회

왕건은 고려를 다스리는 왕들이 지켜야 할 교훈 10가지를 적어 유언으로 남겼어요. 이를 〈훈요십조〉라고 해요. 왕건은 이 지침서를 통해 불교를 잘 따르고, 불교 축제인 연등회와 팔관회를 성대하게 치르라고 당부했어요.

오늘날에도 부처님 오신 날에는 환하게 밝힌 연등을 들고 행렬하는 모습을 볼 수 있어요. 연등을 밝히는 것은 마음을 깨끗하게 하고, 그 마음을 부처님께 바친다는 뜻이에요.

고려 때에는 정월대보름에 연등회를 했는데, 이는 봄을 앞두고 농사를 짓기 전에 축제를 통해 힘을 모으자는 뜻이었대요. 왕과 귀족들뿐만 아니라 온 백성이 모두 등불을 매달고 잔치를 열며 연등회를 즐겼지요.

팔관회는 왕과 벼슬아치 등 높은 신분의 사람들이 즐기는 잔치였어요. 송, 거란, 여진, 일본 등의 외국 사신들도 초대해 고려 왕실의 위엄과 품격을 알렸지요.

'팔관'은 원래 불교에서 받들어야 할 여덟 가지 계율을 뜻해요. 나아가 팔관회는 부처를 받들고 하늘의 신, 산의 신, 물의 신, 용의 신 등을 섬기는 행사로 불교와 민속 신앙이 함께 어울리도록 한 축제였어요.

팔관회가 열리면 궁 안의 넓은 뜰은 화려하게 치장됐어요. 이곳에서는 노래가 끊이지 않았고, 춤꾼들은 흥겹게 춤을 추었으며, 광대가 재주를 부렸어요.

그러나 고려의 대표 축제였던 연등회와 팔관회는 훗날 조선이 세워지면서 더는 이어지지 않게 되었답니다.

물고기가 맺어 준 인연

한 선비가 연못가를 산책하다가 물고기들에게 먹이를 주는 처녀를 보았어요. 그 모습이 어찌나 어여쁜지 선비는 처녀에게 한눈에 반하고 말았어요. 처녀 또한 가슴이 콩닥콩닥 뛰었지요.

"저는 과거 시험을 준비하는 자입니다. 학문에 열중하다 잠시 머리를 식히러 나온 길에 그대에게 온 마음을 빼앗겨 버렸습니다."

처녀는 얼굴을 붉히며 수줍게 말했어요.

"제게 주신 그 마음 감사합니다. 저 또한 선비님의 마음을 받아들이고 싶습니다. 그러나 선비님께선 그보다 먼저 원하시던 목표를 이루셔야 합니다. 과거에 합격하시면 저희 부모님께서도 선비님을 반가이 맞이해 주실 것입니다."

선비와 처녀는 서로의 마음만을 확인한 채 헤어져야 했어요. 선비는 마음을 다잡고 그 길로 개경으로 가 더욱 더 과거 공부에 열중했어요.

한편 처녀의 집에서는 나이가 찬 딸을 시집보내려고 분주히 신랑감을 찾았어요. 결국 적당한 신랑감을 찾아 혼인 날짜까지 정하게 되었지요.

처녀는 선비를 향한 그리움과 슬픔을 담아 비단에 편지를 썼어요. 그러고는 그것을 가지고 선비를 만난 연못가에 가서 눈물을 흘렸어요.

"정녕 이대로 다른 분의 아내가 되어야 하나요? 어찌 아무 연락도 없으신가요?"

그 순간 물고기 한 마리가 물 위로 삐죽 머리를 내밀더니, 처녀의 손에 들려있던 비단 편지를 덥석 물고 물속으로 들어가 버렸어요. 처녀는 편지를 가져가 버린 물고기를 원망하며 오랫동안 눈물을 흘렸어요.

그 시간 선비는 밤낮을 가리지 않고 책과 씨름을 하고 있었어요. 하루는 끼니거리를 장만하려고 시장에 나갔다가 크고 싱싱한 물고기 한 마리를 사 왔어요. 집으로 돌아와 물고기의 배를 가르자 물고기의 배에서 비단 편지가 나왔어요.

"희한한 일이로다. 그런데 이건⋯⋯!"

선비는 그 편지의 주인이 자신에게 마음을 준 처녀라는 걸 바로 알 수 있었어요. 선비는 처녀의 혼인 날짜가 얼마 남지 않았음을 알고 그 길로 고향으로 달려갔어요.

처녀의 집에 도착한 날은 마침 처녀의 혼인날이었어요. 다행히 신부가 모습을 드러내기 전이었지요. 선비는 신부의 부모 앞에 무릎을 꿇고 비단에 쓴 편지를 보여 주며 그동안 있었던 일을 이야기했어요.

고려의 과거 제도는 958년 광종이 당나라 제도를 본 따 만들었어. 양인 이상이면 응시할 수 있었지.

"이런 우연은 사람의 힘으로는 할 수 없는 일이지요. 두 사람의 애절한 사랑에 하늘이 감격해 도움을 준 모양입니다. 당장 혼인을 취소하고 선비님을 사위로 맞겠습니다."

선비는 뜻하던 대로 과거에 합격했고, 둘은 부부가 되어 행복한 가정을 이뤘답니다.

🔖 언제 무슨 일이? 956년 노비안검법 실시, 958년 과거제 실시

고려의 네 번째 임금인 광종은 여러 가지 파격적인 정책을 실시함으로써 고려 발전의 기틀을 마련했어요. 특히 왕의 힘을 강화하기 위한 두 가지 정책을 실시했는데, 하나는 노비를 풀어 주어 호족의 세력을 약화시킨 노비안검법이며, 다른 하나는 실력 있는 인재를 뽑기 위한 과거제예요.

역사
깊이 보기

광종의 노비안검법과 과거제

　광종은 왕위에 올랐던 형들이 왕권 다툼으로 일찍 죽는 모습을 보았어요. 그래서 그는 왕권의 강화가 무엇보다 중요하다고 생각했어요. 그러려면 먼저 호족들의 위세를 꺾어야 했어요.

　"나라 안에 억울하게 노비가 된 자들이 많다고 들었습니다. 이들을 풀어 주는 정책을 실시하십시오."

　광종의 정책에 호족들은 크게 반발했어요. 호족들에게 노비는 재산이며 곧 힘이었어요. 노비들의 노동력을 이용해 재산을 늘려 왔고, 힘도 키워 왔으니까요. '노비안검법'이 실시되자, 노비에서 풀려난 백성들이 세금을 내면서 나라의 살림살이도 늘어났어요. 호족들은 노비를 잃어 힘이 약해진 반면 나라의 힘은 강해졌으니, 광종은 한 번에 두 마리 토끼를 잡은 셈이었어요.

　"중국에서는 시험을 통해 뛰어난 관리들을 가려 뽑는다 합니다. 우리도 이를 본받아 과거제를 마련해 인재를 뽑도록 하십시오."

　광종은 과거제를 처음으로 시행한 왕이기도 했어요. 이제 시험에 합격한 자가 관리로 되었지요. 과거를 통해 벼슬에 오른 관리들은 왕에게 더욱 충성해 왕권을 강화하는 데 도움이 되었어요.

　그러나 '음서제' 역시 여전히 남아 있어서 왕족이나 귀족의 자손들은 시험을 치르지 않고 관리가 될 수 있었어요.

나라 다스리는 법을 올린 최승로

고려의 여섯 번째 왕이 된 성종은 아직 안정되지 않은 나라를 어떻게 다스려야 할지 고민이 많았어요.

"5품 이상의 관리들은 잘 들으시오. 나라를 이끌어야 할 자들이 지금 당장 해야 할 일이 무엇인지 깊이 생각해 보고, 그것을 글로 적어 내게 올리시오."

신하들은 삼삼오오 모여 왕의 숙제를 어찌해야 할지 논의했어요. 그러나 최승로만은 홀로 깊은 생각에 잠겼어요.

최승로는 고려가 삼국을 통일하기 전 신라의 6두품 집안에서 태어났어요. 신라가 망하고 아버지를 따라 개경으로 왔지요. 최승로는 열두 살의 나이에 태조 왕건 앞에서 어려운 책을 줄줄이 외울 정도로 영특했어요. 왕건은 최승로의 재능을 눈여겨보고 학자들로부터 학문을 배울 수 있도록 배려해 주었어요.

삼국이 통일되고 한동안은 고려의 왕권을 차지하기 위한 피바람이 매섭게 몰아쳤어요. 최승로는 그럴수록 학문에 열을 올리며 자신의 정치적인 뜻을 더욱 단단히 세웠어요.

'태조, 혜종, 정종, 광종, 경종. 다섯 분의 임금을 곁에서 모실 수 있던 것만으로도 큰 은혜를 받은 거라고 생각했지. 하지만 학자로서 배우고 익힌 것을 펼칠 수 없었으니 학문하는 자의 태도로는 옳지 않아.'

최승로는 붓을 들고 막힘없이 글을 써 내려갔어요.

'돌다리도 두들기며 건너야 하는데, 고려는 강물의 깊이도 모른 채 건너려 하니 얼마나 위태로운가! 폐하께서 기회를 주시니 내 모든 경험과 지혜를 담아 내겠어.'

북방의 오랑캐에 대비해 군사를 길러야 합니다.

왕은 아랫사람을 예의를 다해 대해야 합니다.

관리의 의복은 백성의 것과 달라야 합니다.

국가의 불교 행사는 백성들에게 부담을 주니 삼가야 합니다.

중국의 것을 무조건 따르는 것은 바람직하지 않습니다.

정치는 불교가 아니라 유교를 바탕으로 해야 합니다.

이렇게 최승로는 28개의 건의 사항이 담긴 글을 왕에게 제출했어요. 다른 신하들도 건의서를 냈지만, 그중에서도 최승로의 글은 단연 눈에 띄었어요. 날카롭게 왕을 비판하면서도 고려가 바르게 나아갈 방향에 대해 쓰여 있었지요. 성종은 최승로의 글을 읽고 또 읽으며 마음에 새겼어요.

"단연 이 글이 가장 뛰어납니다. 제안하

신 대로 고려의 제도를 다시 살피려 하니 곁에서 조언을 아끼지 말아 주십시오."

"저의 몸이 이미 노쇠해 폐하의 높으신 뜻을 다 도울 수 있을지 걱정입니다. 최선을 다하겠습니다."

최승로는 약속한 대로 세상을 떠날 때까지 성종을 모셨어요. 최승로가 눈을 감았을 때, 성종은 누구보다 슬퍼하고 안타까워했다고 합니다.

> **언제 무슨 일이?** 982년 최승로가 〈시무 28조〉 올림
>
> 최승로의 〈시무 28조〉는 고려를 개혁할 28가지 방안을 적은 글이에요. 특히 최승로는 유교를 바탕으로 나라를 다스려야 한다고 주장했어요. 〈시무 28조〉의 시행은 고려가 안정된 국가의 틀을 갖게 했으며, 유교 문화가 빠르게 퍼지는 계기가 되었어요.

최승로의 〈시무 28조〉

　최승로는 〈시무 28조〉를 쓰면서 고려를 다스린 다섯 왕에 대한 평을 먼저 썼어요. 앞선 왕들의 잘한 점은 본받고, 잘못한 점은 따르지 말아야 한다고 생각했기 때문이에요.

　뒤이어 정치, 경제, 사회, 문화 등 나랏일에 관한 거의 모든 분야를 아우르는 개혁안 28개를 구체적으로 써 내려갔어요. 하지만 지금은 아쉽게도 22개의 조항만이 남아 있어요.

　우선 오랑캐에 대비해 군사를 길러 국방을 튼튼히 해야 한다고 했어요. 나라가 백성들에게 돈이나 곡식을 빌려 주고 이자를 받는 일도 금지하라고 했어요. 앞서 발전한 나라라 할지라도 중국의 것을 무조건 받아들이는 것은 바람직하지 않다고도 했답니다.

　불교를 다양한 측면에서 비판하기도 했어요. 커다란 규모의 불교 행사는 농사에 전념해야 할 백성들에게 부담을 주고, 국가 재산을 낭비하는 일이라고 했어요. 절의 무분별한 건립이나 승려들의 정치 참여도 옳지 않다고 했어요. 불교는 종교일 뿐 정치에 이용되어서는 안 된다고 주장한 것이지요.

　또한 최승로는 유교를 바탕으로 정치를 펴야 한다고 했어요. 이를 위해 임금은 신하를 예로써 대하고, 신하는 임금에게 충성해야 하며, 신분 질서를 엄격히 해야 한다고 했어요.

　성종은 최승로의 개혁안을 받아들이고 유교를 정치사상으로 삼았어요. 최승로는 개혁의 우두머리로서 고려가 유교 문화를 바탕으로 나라의 기틀을 잡는 데 큰 역할을 했습니다.

뛰어난 외교관, 서희

거란은 '요'로 이름을 바꾸고 중국 전체를 차지할 야심을 품고 있었어. 이 때문에 중국의 송나라와도 오랜 전쟁을 치르고 있었지. 거란은 고려가 송나라를 도울까 불안해했을지도 몰라.

신하들이 성종에게 거란의 침입에 대해 말하고 있었습니다.

"폐하, 거란이 고려의 북쪽 땅을 위협하고 있습니다."

"과거에 거란이 보내온 사신과 낙타를 해한 일이 있는데, 이 때문에 우리 고려를 못마땅하게 생각하고 있습니다. 뿐만 아니라 우리가 송나라와 가깝게 지내는 것에도 불만을 품고 있다 합니다. 더 큰 피해가 있기 전에 미리 북쪽 땅을 떼어 주고 항복해야 합니다."

잠자코 듣고 있던 서희가 입을 열었어요.

"아뢰옵기 황공하오나 그들이 차지하고 있는 땅은 옛 고구려의 땅으로 오히려 우리가 되찾아야 할 땅입니다. 그럼에도 그들과 싸워 보지도 않고 항복하는 것은 너무 나약한 행동입니다."

성종은 서희의 단호한 태도에 고개를 끄덕였어요.

"폐하께서 허락하신다면 적진에 들어가 그들을 설득해 보겠습니다."

이렇게 서희는 거란이 진을 치고 있는 곳으로 달려가 거란의 대장 소손녕과 마주 앉게 되었어요.

소손녕의 막사 안은 두 사람의 양보 없는 기싸움으로 공기가 얼어붙을 정도였어요. 먼저 입을 연 사람은 소손녕이었어요.

"고려는 신라의 뒤를 이어 일어난 나라이면서 어찌하여 우리 땅을 야금야금 차지하는 거요? 엄연히 이 땅은 거란이 발해를 물리치고 차지한 거란의 땅이란 말이오!"

소손녕이 고려가 차지한 땅을 트집 잡자 서희가 반박했어요.

"고려는 고구려의 뒤를 이은 나라요. 그래서 이름도 '고려'라 하였소.

사실 당신네 나라의 수도인 동경도 원래 고려 땅이었소. 그러니 물러나야 할 쪽은 우리가 아니라 당신들이오."

서희가 조목조목 따지니 소손녕은 헛기침만 '으흠' 뱉었어요.

대꾸할 말이 없었던지 소손녕은 화제를 돌렸어요.

"그건 됐고, 우리와 국경을 맞대고 있으면서 왜 바다 건너 송나라와 가까이 지내는 것이오? 이제라도 우리를 섬긴다면 물러가리다!"

서희는 소손녕의 이야기를 듣고 슬며시 미소를 지었어요.

'거란의 본심은 따로 있었군. 영토를 트집 잡지만 사실 우리가 송나라를 섬기는 것이 못마땅해 자기네 나라와 동맹을 맺자고 하는 것이군. 그렇다면…….'

서희는 재빨리 머릿속으로 계산을 했어요.

"고려와 거란 사이에는 여진족이 있어 왕래가 어려우니 우리는 송나라와 가까이 지낼 수밖에 없소. 그것이 불만이라면 당신들이 압록강을 차지하고 있는 여진족을 몰아내 주면 될 것 아니오!"

소손녕이 눈을 감고 잠시 생각에 잠겼어요. 서희는 틈을 주지 않고 밀어붙였어요.

"거란이 여진족을 내쫓고 압록강 안팎을 고려 땅으로 만들어 주면 우리도 마음 놓고 거란과 통할 수 있지 않겠소?"

소손녕은 서희의 제안이 솔깃했어요. 그렇지 않아도 송나라와 오랫동안 전쟁을 벌이던 참에 고려와도 전쟁을 하려니 부담스러웠기 때문이에요. 상대적으로 힘이 약한 여진족을 물리쳐 주면 고려가 동맹을 맺겠다고 하니 문제가 간단히 해결된 것 같았지요.

소손녕은 박수를 치며 기뻐했어요.

"좋다! 여진족을 몰아내고 압록강 주변 지역을 고려에 주겠다! 밖에 있는 군사들은 당장 군대를 철수시켜라!"

서희가 찾아온 강동6주는 송나라, 거란, 여진, 고려가 만나는 길목이라 군사적으로 무척 중요한 곳이야.

소손녕은 서희에게 낙타와 말, 양, 비단 등의 선물까지 잔뜩 주어 고려로 돌려보냈어요.

성종은 말 몇 마디로 거란의 군대를 철수시키고 땅까지 되찾아 온 서희를 크게 환영했어요. 그리고 되찾은 압록강 주변의 여섯 곳에 성을 쌓고 군대를 보내 단단히 지키도록 했어요.

홀로 적진에 들어가 정확한 판단으로 뛰어난 성과를 낸 서희의 외교술이 있었기 때문에 고려는 그 뒤로 오랫동안 압록강 유역을 지킬 수 있었답니다.

ᙅᔦ 언제 무슨 일이? 993년 거란의 1차 침입

거란이 외교 문제를 빌미로 고려를 공격해 왔어요. 국제 정세에 밝았던 서희는 거란의 의도를 정확히 파악하고 전쟁 없이 거란을 물리쳤어요. 뿐만 아니라 영토를 늘리고 강동 6주를 차지해 북방의 군사력을 기를 수 있었지요.

승려가 된 왕자

어느 날 문종은 열세 명의 왕자를 한자리에 불러 모았어요.

"고려에 풍요가 깃드는 것은 모두 부처님의 은혜 덕분이니라. 왕실에서 앞장서서 부처님을 섬기는 모습을 보이면 백성들도 감동하여 부처님을 깊이 섬기고 바르게 살아갈 터. 너희 왕자들 가운데 승려가 되어 부처님 앞에서 공덕을 쌓을 자가 있느냐?"

넷째 왕자 의천이 조심스럽게 입을 열었어요.

"아바마마, 제가 그 길을 걷겠나이다."

당시 의천의 나이는 열한 살. 그는 머리를 깎고 절에 들어가 부처님의 말씀을 열심히 익혔어요. 다른 학문 역시 갈고닦으며 총명함과 지혜로움을 빛냈지요.

"송나라에 가서 뜻이 깊은 스님들로부터 가르침을 받으며 불교를 더 깊이 공부하고자 합니다. 송나라로 보내 주십시오."

"왕자, 고귀한 몸으로 어찌 먼 나라로 떠나려 하십니까. 위험천만한 일이니 허락할 수 없습니다."

왕비가 의천의 부탁을 거절했어요. 그러나 의천은 뜻을 굽히지 않았어요.

'반대하셔도 저는 가겠습니다. 부모님의 뜻을 거역한 일이 헛되지 않게 열심히 수양하고 돌아오겠습니다!'

의천은 시종 두 명과 함께 송나라로 가는 배에 몸을 실었어요. 뒤늦게 왕자가 사라진 사실을 안 왕실에서는 난리가 났어요.

"분명 왕자가 송나라로 떠난 게 분명합니다. 왕자가 무사히 다녀올 수 있도록 송나라 황제에게 부탁해야 합니다."

의천이 탄 배가 송나라에 닿았을 때는 이미 송나라 황실에서 신하들이 우르르 나와 의천을 맞이하고 있었어요. 의천은 송나라의 극진한 대접을 받으며 사찰을 둘러보고, 불교 서적을 탐독하며, 내로라하는 승려들로부터 깨우침을 얻었어요.

고려의 불교는 크게 교종과 선종으로 나뉘어 있었어. 교종은 불경을 읽고 탐구하는 것을, 선종은 참선과 수행을 중요하게 여겼지.

고려로 돌아온 의천은 몹시 바빠졌어요.

"고려에는 부처님 말씀을 제대로 적은 불경이 없군. 내가 익히고 깨달은 내용을 담아 제대로 된 불경을 만들어야겠어."

이후 의천은 4천여 권의 불경을 펴냈어요. 그리고 불교의 여러 종파를 하나로 합한 '천태종'을 세우고 고려의 불교를 이끌었어요.

하루는 의천의 머릿속에 생각 하나가 번뜩 스쳐 지나갔어요.

'송나라에서는 베와 곡식 대신 종이와 금속으로 만든 돈을 사용했었어. 보관도 쉽고 사용하기도 편하니 경제가 발전하는 데 큰 도움이 될 거야.'

의천의 건의에 따라 돈을 만드는 기관인 주전도감을 설치하고 해동통보, 해동중보 같은 화폐를 만들었어요.

대각국사란 학식이나 덕이 높은 승려에게 주는 최고의 지위예요. 대각국사 의천은 고려의 스승으로서 고려가 발전하는 데 큰 역할을 했답니다.

🐚 언제 무슨 일이? 1102년 고려의 화폐 해동통보 사용

고려 사회가 안정되면서 불교, 경제, 문화 등 여러 분야가 발전해 갔어요. 특히 대각국사 의천은 천태종을 열어 고려의 불교를 발전시키고, 경제의 발전에도 이바지했어요. 고려의 불교는 종교뿐 아니라 고려의 상업을 이끌며 고려의 전성기를 여는 밑바탕이 되었어요.

고려의 국제적인 무역항, 벽란도

개경의 항구였던 벽란도는 온갖 물건이 사고팔리는 곳이었어요. 중국, 거란, 여진, 일본뿐 아니라 아라비아의 상인들까지 드나드는 국제적인 무역항이었지요.

고려의 금과 은, 인삼이나 곡식, 고려청자 등이 배를 타고 다른 나라로 팔려 나갔고, 비단, 약재, 서적, 향료 등 다양한 물건이 벽란도를 통해 들어왔어요. 벽란도 항구 주변에는 여행자나 상인들을 위한 여관이나 식당 등도 마련되어 있었어요. 이곳에 모인 사람들은 물건을 사고팔기도 하고, 철학이나 사상을 주고받거나 서로 기술을 전수하기도 했어요. 벽란도에는 밤낮없이 활기가 가득했답니다.

고려로 들어온 외국인들 중에는 고려의 관리가 된 사람도 있었어요. 고려가 열린 마음으로 외국인들을 대했기 때문에 고려의 무역이 크게 발전할 수 있었지요. 벽란도에 드나들던 아라비아 상인들은 서양에 고려의 문화를 전하며 고려를 '코리아'라고 했다고 해요. 이렇게 해서 고려가 '코리아'라는 이름으로 세계에 알려지게 되었어요.

벽란도는 예성강 물길로 개경과 닿아 있어서 벽란도에서 거래된 물건들이 개경으로 수월하게 들어왔어요. 그래서 고려의 도읍지인 개경은 자연스럽게 경제가 발전할 수 있었지요. 개경에는 큰 시장이 있었는데, 가게의 수가 무려 1008개나 되었다고 해요.

한편, 고려에서는 화폐인 해동통보를 만들어 백성들에게 나누어 주며 개경의 시장을 중심으로 사용하도록 권했어요. 그러나 백성들은 곡식이나 베를 화폐로 쓰는 것에 익숙해서 해동통보는 제대로 자리를 잡지 못했어요.

예성강 따라 흐르는 노래

예성강가에 빼어난 미모의 여인이 살고 있었어요. 그녀의 아름다움은 벽란도에서 개경에 이르기까지 그 명성이 자자했지요. 이 여인은 남편과 함께 하루하루를 열심히 살았어요.

송나라의 장사꾼이었던 하두강은 비단을 잔뜩 싣고 벽란도에 도착했어요.

"에잇, 오늘만큼 장사가 안 되는 날이 또 있을까!"

하두강은 장사를 허탕치고 하룻밤 묵을 곳을 찾다가 아름다운 여인을 보았어요. 눈을 뗄 수 없을 정도로 아름다워 선 자리에서 한 발짝도 움직일 수가 없었지요. 그 여인은 남편을 향해 생글생글 미소를 지으며 하두강의 옆을 스쳐 지나갔어요.

하두강은 질투가 일었어요. 아름다운 여인을 차지하고 싶었지요.

'저 여인을 뺏고 싶다! 그렇다면 작전을 좀 세워야겠군.'

하두강은 우연을 가장해 여인의 남편과 말문을 트고 친하게 지냈어요.

"나는 바둑으로 져 본 일이 없소. 나랑 바둑 한 판 두시겠소? 내가 진다면 비단을 내놓으리다."

남편도 흔쾌히 응했어요.

그러나 바둑을 잘 둔다던 하두강은 쩔쩔 맸어요.

"바둑으로 져 본 일이 없다더니 대체 어떻게 된 일이오? 벌써 비단을 몇 필이나 잃은 거요? 껄껄!"

사실 하두강은 바둑판을 쥐락펴락할 수 있는 실력자였어요.
하지만 여인의 남편을 속이려고 일부러 져 주었던
것이지요. 여인의 남편은 바둑에서 이기고 비
단까지 한아름 거머쥐니 신이 났어요. 다음
날도, 또 다음 날도 하두강에게 바둑을 두자
고 청했어요.

그러던 어느 날, 하두강이 능글능글
웃으며 제안했어요.

"이번 경기에 내가 가진 비단을
다 걸 테니 응당 이에 걸맞는 걸 걸어
야 할 거요. 당신에게는 아름다운 부
인이 있으니 그 부인을 걸고
내기를 하면 어떻겠소?"

여인의 남편은 잠시 주춤했어요. 하지만 하두강에게 져 본 일이 없으니 승낙하고 말았지요.

"좋소! 내가 이기면 그만이지!"

그러나 원래 바둑 실력이 뛰어났던 하두강은 단번에 남편을 꺾었어요. 하두강은 내기의 대가로 여인을 빼앗아 송나라로 떠났어요. 남편은 부인을 두고 내기를 했던 자신의 어리석음을 한탄하며 강가에 앉아 눈물로 노래를 지어 불렀어요.

한편, 하두강과 여인이 탄 배는 송나라를 향해 나아갔어요. 그런데 바다 한가운데에서 배가 멈추더니 제자리에서 빙빙 돌기만 할 뿐 더는 앞으로 나아가지 않았어요. 하두강은 점쟁이가 했던 말이 번뜩 떠올랐어요.

"배 안에 절세 미녀를 끌어들이지 마시오. 여인을 배에 태웠다가는 큰 화를 면치 못할 것이오."

남편과 부인이 차례로 지어 불렀다는 이 노래는 백성들 사이에서 두루 불려졌을 거야. 노랫말은 남아 있지 않지만 이야기가 전해지고 있거든.

하두강은 뱃머리를 다시 벽란도로 돌렸어요. 남편을 다시 만나게 된 여인은 남편을 얼싸안고 기쁨의 노래를 지어 불렀답니다.

◎~ 언제 무슨 일이?

벽란도는 개경의 국제 무역항으로 외국 상인들이 자주 드나들던 곳이었어요. 고려의 활발한 무역 활동 덕에 고려의 이름, '코리아'가 세계에 알려지게 되었답니다.

고려가요 〈쌍화점〉

　신라에 향가가 있다면 고려에는 가요가 있답니다. 대부분 입에서 입으로 전해졌기에 누가 지었는지는 정확히 알 수 없어요. 고려가요는 주로 낮은 신분의 백성들이 불러서 고려 백성들의 감정이나 문화를 이해하는 데 도움이 되고 있어요.

　고려가요는 '다로러거디러', '아으 다롱디리' 같은 독특한 후렴구가 있어요.

만두 가게에 만두 사러 갔더니만

회회 아비가 내 손목을 쥐었어요.

이 소문이 가게 밖에 소문나면

다로러거디러 조그마한 새끼 광대 네 말이라 하리라.

더러둥셩 다리러디러 다리러디러 다로러거디러 다로러

－고려가요 〈쌍화점〉 중에서

　〈쌍화점〉은 고려의 도읍지인 개경에서 유행한 고려가요예요. '쌍화'란 '만두'를 뜻하니, 쌍화점은 만두 가게라는 뜻이지요. 만두는 중국에서 유래한 음식으로, 외국인이 많이 드나들던 개경이나 벽란도에 중국인을 상대로 하는 만두 가게가 있었다는 걸 알 수 있어요.

　만두 가게에서 만난 '회회 아비'란 아라비아 상인일 거라고 추측하고 있어요. 국제 무역 도시인 개경을 찾은 아라비아 상인과 사랑에 빠진 고려 여인에 대한 내용이지요. 노래에서도 알 수 있듯이 개경은 외국인들이 분주히 오고 가는 독특한 분위기의 국제 도시였답니다.

고려

남매의 재판

손변렴이라는 관리가 경상도 지역을 다스릴 때의 일이에요.

어느 날, 한 남매가 찾아와 오래도록 풀리지 않는 일이 있다며 손변렴에게 재판을 부탁했어요.

"남매 사이에 풀어야 할 문제라는 게 무엇인고?"

남동생이 억울한 표정으로 말했어요.

"제가 어릴 적에 아버지가 돌아가셨습니다. 그 일은 돌이켜 보아도 가슴이 아프나, 억울한 일이 있으니 부디 공정하게 풀어 주십시오. 아버지께서는 돌아가시면서 누이에게 전 재산을 물려주시고, 제게는 고작 이 앞에 있는 옷 한 벌과 갓 하나, 짚신 한 짝, 종이 한 뭉치만을 물려주셨습니다. 같은 자식인데 어찌 이리 대우가 다를 수 있습니까?"

손변렴은 남동생이 펼쳐 놓은 물건들을 묵묵히 살피다가 누이에게 물었어요.

"아버지가 돌아가실 적에 어머니는 어디에 계셨으며, 그대와 동생의 나이는 몇이었느냐?"

"어머니는 아버지보다 먼저 세상을 떠나셨습니다. 그때 저는 이미 혼인을 한 상태였고, 동생의 나이는 일곱 살이었습니다."

손변렴이 의자에 몸을 파묻고 생각에 잠겼어요.

'아들과 딸이 다르지 않을진대 아비라는 자는 어찌 이리 한 것인가?'

손변렴은 돌아가신 아버지가 동생에게 유산으로 남겨 주었다는 옷과 갓, 짚신, 종이 뭉치를 유심히 바라보다가 자리에서 벌떡 일어났어요.

"아버지가 세상을 떠날 때 동생의 나이가 일곱이라 하였느냐?"

"예, 그렇습니다."

남매가 고개를 들어 손변렴을 쳐다보았습니다.

"부모의 마음이란 자식을 차별하지 않는 것이다. 나이 든 누이라 해서 유산을 더 물려주어서도, 나이가 어리다 해서 유산을 적게 주어서도 안 된다."

"제 말이 그 말입니다!"

동생이 맞장구를 쳤어요.

"허나 잘 들어라. 나이 어린 자식에게 재산의 절반을 나누어 주었다면 어린 나이에 그 재산을 온전히 보전했을 리가 없다. 그러니 아우를 보살펴야 할 누이에게 모든 재산을 물려준 것이다. 훗날 아들이 바르게 컸을 때를 위하여 아들 앞으로 몇 가지 물건을 남겨 두었으니, 아들은 이 종이에 억울한 일을 적어 번듯한 옷을 입고 갓을 쓰고

짚신을 신고 관가에 가서 고하면 될 것이다.”

남매는 그제서야 아버지의 깊은 뜻을 헤아릴 수 있었어요. 남매는 눈물을 펑펑 쏟으며 부둥켜안고 울었답니다.

손변렴은 남매의 아버지가 남긴 재산을 공평하게 나누어 주었고, 남매는 우애롭게 살았다고 합니다.

☁ 언제 무슨 일이?

부모님의 유산을 남매가 공평하게 나누어 가지게끔 한 것으로 보아서, 고려 시대 때에는 딸과 아들에 대한 차별이 없었다는 걸 알 수 있어요. 고려 시대에는 여성의 지위가 높아서 지금과 다른 풍습과 문화를 낳기도 했답니다.

고려 여성들의 당당한 삶

고려 시대에는 혼인을 하면 남성들이 처가살이를 했어요. 여성들은 혼인을 해도 남편의 성을 따르지 않고 자신의 성을 그대로 썼어요. 남편과 헤어진 뒤에는 재혼하는 일도 흔했답니다. 재혼을 한 여인과 그의 후손이 차별을 받는 일도 없었어요.

남편이 처가살이를 했기 때문에 집안의 크고 작은 일을 결정할 때에도 아내의 힘이 더 컸을 거예요. 또한 벼슬에 오른 자가 아내를 버리면 벼슬에서 물러나야 했어요. 부모님을 모시는 일과 제사도 큰아들이 해야 하는 일이라고 생각하지 않고, 딸과 아들에게 공평하게 주어졌어요.

고려의 여성들은 부모님의 재산도 똑같이 물려받았어요. 나이도, 아들 딸도 구분 없이 똑같이 재산을 받았지요. 재산을 똑같이 받았기 때문에 제사도 돌아가면서 지냈어요. 족보에도 아들의 이름만 올리지 않고, 딸과 아들의 이름을 모두 올렸어요. 남편이 죽으면 아들이 있어도 아내가 집안의 주인, 호주가 되었어요. 이런 풍습은 왕족과 평민을 가리지 않았어요. 이와 같은 사실을 통해서 고려 시대에 여성의 지위가 높았다는 사실을 알 수 있지요.

결혼을 하면 다른 집안 사람이 되고, 집을 떠나 시집살이를 하며 남성의 지위가 더 높았던 풍습은 훗날 조선 시대에 생겨난 거예요. 조선 시대보다 고려 시대 때 여성의 지위가 높았지만, 정치 같은 사회적 활동을 하는 데에는 제약이 있었답니다.

4
어수선한 고려

전성기를 맞아 탄탄대로를 걸을 것 같던 고려가 어수선해지기
시작했어. 나라 밖에서는 외적들이 고려를 향해 칼을 갈고 있
었고, 나라 안에서는 힘이 세진 귀족들이 왕권을 위협하고 있
었어. 이 시기의 고려는 나라를 뒤흔들만한 사건이 여러 차례
일어났단다. 100년 넘게 이어온 고려가 변화를 맞이한 걸까?

고려

왕보다 더 강한 권력, 이자겸

인종이 두 번째 왕비를 맞이했어요. 이자겸은 이 모습을 매우 흡족하게 바라보았어요.

이자겸은 둘째 딸을 예종과 결혼시켰고, 이들 사이에서 낳은 자식이 열네 살의 어린 나이에 왕이 되었어요. 그가 바로 인종이에요. 그러자 이번에는 셋째 딸과 넷째 딸을 차례로 인종과 결혼시켜 왕비로 만들었어요. 이자겸은 인종의 외할아버지이자 장인이 된 거예요.

고려의 17대 왕인 인종은 어머니의 여동생들, 즉 이모들이랑 결혼을 한 거야. 지금은 말도 안 되지만 고려 때는 한 집안 사람들과 결혼하는 일이 흔했대.

딸 셋을 왕과 결혼시킨 이자겸의 힘은 막강했어요. 나랏일은 모두 이자겸을 통했고, 왕과 다름없는 권력을 누렸어요. 신하들은 인종보다 이자겸의 눈치를 더 살폈어요.

"대체 누가 이 나라의 왕인지 모르겠소."

인종은 가까이 지내던 신하들에게 하소연을 했어요. 궁궐 안에 있는 신하들 중에도 이자겸에게 불만을 품은 자들이 많았어요. 인종은 같은 뜻을 가진 신하들을 쉬쉬 불러 모아 이자겸을 없앨 계획을 세웠어요.

"폐하! 당장 옥체를 피하십시오! 궐 안팎이 불타고 있습니다!"

"그게 무슨 소리요? 대체 누가 그런 짓을!"

"이자겸이 우리의 계획에 맞서려고 합니다. 척준경과 손잡고 반란을 일으켰습니다!"

그러나 이미 때가 늦었어요. 화살이 문을 뚫고 날아와 인종 발밑에 꽂혔거든요. 인종은 몸을 부르르 떨었어요.

"군사를 휘어잡고 있는 척준경과 힘을 합쳤다면 이자겸을 이길 수 없소. 내가 이자겸에게 항복하겠소."

인종은 이자겸의 집에서 지내며 이자겸의 감시를 받았어요. 한편 이자겸은 왕이 되길 꿈꿨어요.

"폐하, 백성들 사이에서 '십팔자가 왕이 된다'는 소문이 돌고 있습니다. '십팔자(十八子)'를 합치면 이(李). 이것은 곧 이씨인 이자겸이 왕이 된다는 뜻입니다."

"그렇지 않아도 며칠 전 신하들이 보낸 떡이 수상했소. 그래서 마당에 던져 버렸더니 까마귀들이 먹고 죽은 게 아니겠소. 신하들이 보낸 탕약을 왕비가 쏟은 덕에 못 먹은 적도 있으니 필시 그 약에도 나를 해칠 독을 탔을 거요. 이대로 있다가는 나는 목숨을 잃고 이자겸이 왕위에 오를 게 분명하오. 척준경을 설득해 그자를 없애야 하오."

인종은 척준경에게 반역한 죄를 용서할 테니 자신을 구하라는 편지를 썼어요. 그리고 신하들을 시켜 이자겸이 척준경을 해치려 한다는 소문을 퍼뜨리도록 했어요.

기어이 이자겸은 왕이 되려고 칼을 휘둘렀어요. 그러나 다행히 척준경이 왕의 편으로 돌아섰고, 그가 이끈 군사가 이자겸을 무릎 꿇렸어요.

인종은 이자겸을 먼 영광 땅으로 귀양 보낸 후 바닥에 떨어진 왕의 권위를 다시 세우고자 불에 탄 궁궐을 새로 지었어요. 하지만 한번 흔들린 고려는 그 여파가 쉽게 가라앉지 않았습니다.

언제 무슨 일이? 1126년 이자겸이 난을 일으킴

이자겸은 부정부패를 일삼고 왕의 권위를 넘보던 인물이었어요. 이자겸은 고려를 좌지우지하는 문벌귀족으로 왕과 다름없는 권력을 누리다가 난을 일으켰지만 실패하고 말았지요. 고려의 왕권은 크게 흔들렸고, 큰 변화의 갈림길에 서게 됐어요.

문벌귀족의 나라

고려 시대 때 과거제가 처음 시행되었어요. 과거 시험에 합격하면 누구라도 관리로 벼슬을 얻을 수 있다고는 하지만 현실은 꼭 그렇지만은 않았어요.

과거에 합격하려면 공부에만 매달려 유교 경전을 달달 외우다시피 해야 했어요. 그런데 농민이나 일반 백성들은 농사를 짓거나 먹고사는 일에 매달려야 해서 공부를 할 시간이 없었거든요. 과거 제도가 있어도 백성들에게는 아마 그림의 떡 같았을 거예요.

모든 관리를 과거 제도로만 뽑은 건 아니었어요. 왕족이나 5품 이상 관리의 자손에게는 그냥 벼슬을 주는 '음서제'가 있었거든요.

음서제를 통해 관리의 아들이 벼슬을 하고, 그의 아들과 손자도 대대로 벼슬을 물려받을 수 있었어요. 그런데 시간이 갈수록 특정 집안에서 대대로 벼슬아치가 나오면서 그 집안의 힘도 점점 세졌어요. 고려는 이렇게 힘 있는 몇몇의 집안이 권력을 틀어쥐고 나라를 이끌어 갔어요. 이들을 '문벌귀족'이라고 해요.

이자겸도 문벌귀족 가문이었어요. 문벌귀족들은 왕실과 혼인하며 권력을 유지해 갔어요. 이들은 막대한 땅을 갖고 있어 엄청난 부를 누리며 권력을 휘둘렀어요. 급기야 왕권까지 위협하게 되었지요.

문벌귀족의 횡포가 늘어나면서 반대하는 자들도 점점 많아졌어요. 이들은 머지않아 문벌귀족의 손아귀에 있는 고려를 빼앗기 위해 힘을 모으게 된답니다.

도읍지를 옮기려 한 묘청

인종이 묘청과 함께 오색 빛깔로 빛나는 대동강을 바라보고 있었어요.

"폐하, 강물에 나타난 오색 빛깔은 용이 침을 뱉는 것이옵니다. 이는 대동강이 흐르는 서경이 명당이라는 증거입니다. 개경은 도읍지로서의 운이 다해 이자겸 같은 자들이 왕의 자리를 위협하는 것이옵니다. 하루 속히 도읍지를 서경으로 옮기시옵소서. 서경은 고구려의 도읍지로, 고구려의 뒤를 이은 고려에 딱 알맞은 도읍 자리입니다."

묘청은 서경 출신의 승려야. 욕심만 채우는 문벌귀족의 힘을 꺾으려면 도읍지를 옮겨야 한다고 생각했지. 여진족이 세운 금나라가 차지한 북쪽 땅을 되찾아야 한다고도 했어.

서경 출신의 묘청은 문벌귀족들이 판치는 개경에서 자신의 뜻을 펼칠 수가 없었어요. 그래서 도읍지를 서경으로 옮기자고 인종을 설득했던 것이에요.

그러나 이것이 묘청이 꾸민 일이라는 사실이 얼마 못 가 들통 났어요. 묘청이 기름 바른 떡을 대동강에 던져두었고, 그 기름이 물 위에 떠올라 오색 빛깔을 냈던 것이었어요.

묘청의 속임수를 가장 먼저 알아챈 것은 김부식이었어요. 김부식은 개경에서 힘을 키운 귀족으로 도읍지를 옮기면 서경의 귀족들이 힘을 얻

고, 반대로 자신의 힘은 약해질 것이라 생각했
어요.

김부식은 개경을 바탕으로 한 자신의 힘이 약해질까 봐 도읍지 옮기는 일에 반대했어. 또한 금나라와 사이좋게 지내야 한다고 했지.

"폐하, 묘청은 도읍지를 서경으로 옮기려고 폐하를 상대로 얕은 수를 쓰고 있습니다. 도읍지를 옮기다니요! 이는 백성들을 혼란에 빠트리고 고달프게 할 뿐입니다."

김부식의 빠른 대처로 묘청의 속임수는 들통 났으며 도읍지 이전에 대한 반대가 거세졌습니다. 엎친 데 덮친 격으로 서경에 벼락이 떨어지고 폭풍이 몰아쳤어요. 인종은 결국 도읍지를 옮기려던 계획을 접었습니다.

묘청은 궁지에 몰리자 조심스럽게 서경의 귀족들을 모았어요.

"우리의 뜻을 펼치려면 새로운 방법이 필요합니다. 군사를 모으고 서경에 우리만의 나라를 세웁시다!"

마침내 묘청이 반란을 일으켰어요. 서경에 나라를 세우고, 나라의 이름을 '대위국'이라고 했습니다.

"묘청이 결국 일을 크게 벌이는구나. 개경과 서경의 전쟁은 이제 피할 수 없게 되었다."

인종은 김부식에게 군사를 내주고 서경으로 보냈어요. 묘청의 편에 섰던 귀족들이 김부식의 위세에 겁을 먹고, 묘청의 목을 베어 들고 김부식 앞에 무릎을 꿇었어요. 그러나 나머지 반란군은 김부식의 군사에 맞서 일 년 넘게 버티다 항복하고 말았습니다.

고려의 도읍지를 옮기고 새로운 변화를 원했던 묘청의 꿈은 실패로 돌아갔어요. 김부식은 서경을 진압한 공을 인정받아 최고의 관직에 올랐어요.

ⓢ 언제 무슨 일이? 1135년 묘청의 서경 천도 운동

고려의 귀족들 사이에서 권력 다툼이 심해지고, 나라 안팎이 어지러워지자 묘청은 도읍지를 서경으로 옮기고 고려를 새롭게 다시 세워야 한다고 주장했어요. 그러나 김부식을 앞세운 반대 세력에 의해 그의 뜻은 꺾이고 말았어요.

〈삼국사기〉를 쓴 김부식

김부식은 묘청의 반란을 제압하고 높은 벼슬에 올랐다가 머지않아 벼슬에서 물러나게 돼요. 그리고 아마 평생의 꿈이었을 역사책을 쓰는 일에 몰두하게 되지요.

김부식은 고려에서도 으뜸갈 정도로 글 솜씨가 훌륭했어요. 인종은 이런 김부식에게 역사책 쓰는 일을 명령했으며, 김부식의 주도 아래 총 11인의 학자가 참여했어요. 이들이 완성한 50권의 책이 고구려, 백제, 신라의 역사를 기록한 〈삼국사기〉예요.

김부식은 〈삼국사기〉를 임금에게 바치며 "요즘 학자나 관리들은 중국의 역사와 책은 잘 알아도 우리나라 역사는 알지 못하니 한탄스럽습니다. 이 책에 우리의 역사를 자세히 기록하고 왕과 신하, 백성의 잘잘못을 가려 후손들이 교훈으로 삼도록 할 것입니다."라고 했어요.

〈삼국사기〉에는 특히 신라의 역사가 중요하게 다루어져 있어요. 김부식은 본관이 경주 김씨로, 스스로를 신라 사람이라고 생각했던 것 같아요. 그는 이 책에서 고려가 통일 신라의 역사와 문화를 이어받았다고 밝혔어요. 이는 고려가 고구려를 계승했다고 주장해 온 것과는 조금 달라요. 김부식이 고려의 도읍지를 서경으로 옮기는 일을 반대한 이유 중에는 고려가 고구려의 뒤를 이었다는 걸 강조하는 게 못마땅했기 때문인 것도 있어요.

고려 후기, 승려인 일연이 개인적으로 쓴 〈삼국유사〉와 김부식이 쓴 〈삼국사기〉는 역사적 · 문학적으로 가치가 높은 우리의 역사서예요.

무신의 시대가 열리다

달이 뜨고 밤이 깊었지만 궁궐에는 불빛이 꺼지지 않았어요. 귀신을 쫓는 행사인 '나례'가 열렸거든요. 그래서 이날만큼은 밤늦도록 불을 밝히며 신 나게 즐길 수 있었어요.

인종도 신하들과 함께 술을 마시며 축제를 즐겼어요.

그때 김부식의 아들인 김돈중이 갑자기 자리에서 일어나 싱글싱글 웃으며 대장군인 정중부에게 다가갔어요.

"정중부 장군, 수염이 참 멋지십니다."

김돈중이 수염을 보는 척하며 정중부의 턱에 촛불을 들이댔어요. 그러자 촛불에 정중부의 수염이 홀딱 타 버렸어요. 정중부는 화가 머리끝까지 났어요.

"어찌 이리 행동이 가벼운가! 아비만 믿고 또 버릇없이 굴다가는 용서하지 않을 테다!"

정중부는 대장군이었음에도 더는 어찌하지 못하고 속으로 분을 삭여야만 했어요.

20여 년의 시간이 흘렀어요. 인종의 뒤를 이은 의종은 나랏일에는 관심이 없었어요. 걸핏하면 경치 좋은 곳으로 나가 문신들과 어울려 놀기

만 했어요. 문신들이 왕과 함께 즐기는 동안 무
신들은 연회가 끝날 때까지 경계를 서며 그들
을 지켜주어야만 했어요. 그 때문에 어떤 날은
하루 종일 굶을 때도 있었고, 또 어떤 날은 매
서운 칼바람을 맞으며 기다려야 할 때도 있었
어요.

문신은 나라의 행정을 담당하는 벼슬이고, 무신은 군사에 관한 일을 하는 장군 등을 말해. 분위기만 봐도 문신이 무신을 얼마나 얕보고 무시하는지 알겠지?

"날이 좋으니 오늘은 보현원에 가서 뱃놀이를 즐기자꾸나!"

그날은 의종과 신하들이 보현원으로 가던 길
이었어요. 의종은 군사들이 훈련을 하는 장소
에서 잠시 멈추게 했어요.

'수박희'는 맨손을 사용하는 무술로, 택견과 비슷하다고 해.

"수박희를 펼쳐 보도록 하거라."

왕의 명령에 이소응 대장군과 젊은 병사가 겨뤘어요. 그런데 나이 든
이소응 대장군이 몇 번 겨뤄 보지도 못하고 쓰러져 경기가 중단되었어
요. 그러자 문신 한뢰가 달려 나가 이소응의 뺨을 후려쳤어요. 어찌나 뺨
을 세게 맞았던지 이소응이 멀리 나동그라지고 말았어요. 그 모습을 본
의종과 문신들이 배를 잡고 웃었어요.

무신들은 주먹을 꽉 쥐었어요. 정중부는 화가 나 한뢰에게 소리쳤어
요.

"비록 무신이지만 이소응 장군은 당신보다 벼슬이 높소! 어찌하여 이
런 무례한 짓을 한단 말이오!"

정중부의 말 한마디에 분위기가 찬물을 끼얹은 듯 냉랭해졌어요. 무신

들의 손이 칼집 위에
서 부들부들 떨렸어요.
정중부가 무신들을 진정시킨
뒤에야 왕의 행렬은 다시 보현원으로 향할 수 있었어요.

보현원에 도착한 의종이 안으로 들어가고 문이 닫혔어요. 문신들이
문 밖으로 물러나자 정중부와 이의방, 이고가 눈빛을 주고받았어요.

"지금이다!"

눈 깜짝할 사이였어요. 문신들은 순식간에 목이 잘려 쓰러졌어요. 보
현원에 피바람이 불었어요. 정중부는 이곳으로 오기 전에 이의방, 이고
와 함께 문신들을 처치할 계획을 세웠던 거예요.

"문신들에게 굽실거리던 시대를 우리 손으로 끝내야 한다! 문신이라면
벼슬을 가리지 말고 모두 목을 쳐라!"

문신들의 목이 풀 베듯 잘려 나갔어요. 시체는 산처럼 쌓였고 보현원은 피 비린내로 진동했어요.

정중부는 의종을 왕의 자리에서 끌어내려 거제도로 유배 보냈어요. 대신 의종의 동생을 왕으로 세웠어요. 하루아침에 무신들이 고려를 차지하고 나라는 혼란에 빠졌어요.

무신들이 차지한 고려는 조용할 날이 없었어요. 권력을 차지한 무신들은 수단과 방법을 가리지 않고 탐욕스럽게 재물을 긁어모았어요.

기어이 무신들끼리도 편을 갈라 싸우기 시작했어요. 권력의 중심은 계속 바뀌었습니다. 이고는 이의방에 의해 죽고, 이의방은 정중부의 손에 죽음을 맞이하고, 정중부는 부하인 경대승에게 목숨을 잃었습니다. 경대승도 자리를 오래 지키지 못하고, 이의민이 고려 최고의 권력자가 되었어요.

이의민은 경주의 노비 출신인데 무술 솜씨가 좋아 군인이 되었어. 그런 그가 고려 최고의 권력자가 되었지.

🐚 언제 무슨 일이? 1170년 무신들이 난을 일으킴

문신들은 무신들을 얕보고 차별했어요. 이에 화가 난 무신들은 정중부를 중심으로 들고 일어나 왕을 없애고 정권을 잡았지요. 무신들이 자신의 욕심을 채우려고 서로 죽고 죽이는 동안 백성들의 생활은 눈에 띄게 어려워졌습니다.

형제끼리 칼을 겨눈 최충헌과 최충수

이의민의 아들이 최충수의 집에서 기르던 비둘기를 빼앗아 갔대. 최충수가 이 일에 앙심을 품고 형과 계획해 이의민을 없애 버렸어.

최충헌은 이의민을 죽이고 고려의 최고 권력자가 되었어요. 신종을 고려의 새로운 왕으로 세웠지만 왕은 그저 허수아비일 뿐, 고려를 쥐락펴락하는 사람은 최충헌과 그의 동생 최충수였어요.

하루는 최충수가 골똘히 생각에 잠겼어요.

'왕이 되지는 못할지언정, 왕족과 친척 관계는 맺어야 하지 않겠어? 그렇다면 태자를 사위로 삼으면 되겠군.'

신종에게는 왕의 자리를 물려줄 태자가 있었어요. 태자에게는 오랜 세월 함께한 태자비도 있었지만 최충수는 신종에게 자신의 딸을 태자비로 삼으라고 강요했어요.

신종에게는 거절할 힘이 없었어요. 결국 태자비는 궁 밖으로 쫓겨났고, 최충수는 태자와 딸의 혼례를 요란스럽게 준비했어요.

최충헌이 이 사실을 알고 동생을 찾아갔어요.

"지금은 우리 형제가 권력을 잡고는 있지만 아직은 조심해야 할 때야. 그런데 오순도순 깊은 정을 나누던 태자와 태자비를 억지로 갈라놓았으

130

니 궁 안에서도, 궁 밖에서도 아우에게 손가락질을 하는 사람이 많네. 우리에게 좋을 것이 없으니 이 혼인을 다시 생각해 보게나."

마치 최충헌이 동생을 염려하는 것 같았어요. 하지만 사실은 동생이 태자의 장인이 되어 자기보다 권력을 더 키울까 봐 걱정이 되었어요. 최충수도 형의 말을 듣고 속으로 콧방귀를 뀌었어요.

'흥! 이 나라에서 내 뜻을 거스를 자가 어디 있다고!'

최충수가 혼사를 계속 진행한다는 이야기에 최충헌은 부하들을 불러 모았어요.

"내 아우가 딸을 태자비로 만들려는 것은 왕의 자리를 넘보고 있다는 뜻이다. 아무리 동생일지라도 이는 곧 반역이니 반역의 뿌리는 잘라야 마땅하다!"

"장군님의 편에 서서 반역자를 벌하겠습니다!"

최충헌은 군사 1000여 명을 거느리고 최충수를 찾아갔어요. 최충수를 따르던 자들 중에는 지레 겁을 먹고 달아난 자들이 여럿 있었어요.

최충헌이 화살을 꺼내들자 그의 군사들도 화살을 꺼내 최충수에게 겨누었어요. 화살이 비 오듯 쏟아졌어요. 최충수와 그의 무리들은 문짝을 뜯어 날아오는 화살을 막아 보았지만 역부족이었어요. 상황이 불리해지자 최충수는 말을 달려 정신없이 도망쳤어요. 그러나 뒤를 쫓은 최충헌의 부하에게 목이 잘리고 말았습니다.

부하가 최충수의 머리를 손에 들고 나타나자 최충헌은 무릎을 꿇고 소리를 내어 꺼이꺼이 울었어요. 그러고 나서는 시신을 찾아 정성껏 장례를 치러 주었다고 해요.

언제 무슨 일이? 1196년 최충헌을 시작으로 최씨 정권 시대 열림

무신들은 100여 년 동안 고려를 손아귀에 넣고 흔들었어요. 그중 60년이 최씨 가문의 시대였어요. 최충헌을 시작으로 최우, 최항, 최의가 고려 최고의 권력자가 되었지요.

중미정에 흐르는 눈물

날이 밝자 농부들이 하나둘 공사장으로 모여들었어요.

"한창 바쁜 농사철에 이런 일이나 해야 하다니! 왕과 귀족들은 우리가 만든 이곳에서 뱃놀이나 즐기겠지!"

"부려 먹으려면 삯이나 주던가! 돈은 한 푼도 받지 못하니 원!"

고려의 18대 왕 의종이 인공 연못을 만들고, 그곳에 '중미정'이라는 정자를 짓게 했어요. 백성들은 강제로 불려나갔지요. 일한 대가는커녕 밥도 주지 않아 농부들은 도시락을 싸가야 했어요.

"어이, 자네는 오늘도 도시락을 안 싸왔나?"

"쫄쫄 굶고 어찌 힘든 일을 하겠나. 이리 와서 나누어 먹세."

가난한 농부는 형편이 어려워 도시락을 싸올 수가 없었어요. 그러나 매번 얻어먹기가 미안하여 우물쭈물하고 있었어요.

"여보, 점심 드셔야지요."

농부는 깜짝 놀랐어요. 아내가 음식을 가득 들고 나타났거든요.

"이게 웬 거요? 이런 진수성찬을 어떻게 마련했소?"

농부는 다그쳤지만 아내는 미소만 지을 뿐이었어요.

"훔친 것은 아니니 걱정 말고 동료들과 배불리 나누어 드세요."

농부의 눈에 아내의 머리를 감싼 머릿수건이 들어왔어요. 농부가 따져 묻자 아내가 머릿수건을 벗었어요. 탐스럽던 머리카락이 다 잘려 나가고 없었어요.

"머리카락을 잘라 이 음식들을 마련했구려⋯⋯. 흑흑."

농부도, 아내도, 지켜보던 사람들도 흐르는 눈물이 멈추지 않았어요.

중미정은 이렇게 백성들의 땀과 눈물로 완성되었답니다.

망이·망소이와 만적

이야기 하나

망이와 망소이는 타오르는 불꽃을 바라보았어요. 정월을 앞둔 한겨울이었지만 가마 앞에서 숯을 만드는 사람들은 굵은 땀을 뚝뚝 흘리고 있었어요.

"큰일이군. 내일까지 정해진 양을 만들어서 관아에 바쳐야 하는데, 이대로라면 양을 다 채우지 못하겠는걸. 턱없이 많은 양이라 사정 좀 봐달라고 싹싹 빌었는데도 들은 척도 안 하더구먼⋯⋯."

"그럼 지난번처럼 죽기 직전까지 곤장을 맞는 겐가? 휴우⋯⋯."

두 사람은 입술을 질끈 깨물었어요. 망이와 망소이는 명학소에서 태어나고 자랐어요. 아버지의 아버지도 모두 숯을 만드는 일꾼이었지요. 나라 안에서 손꼽히는 기술자였는데도 이들에 대한 대접은 형편없었어요.

> 지방의 향·소·부곡에서는 나라에 바칠 곡물이나 수공업품을 만들었어. 그러나 이들은 천민과 같은 취급을 받았지.

"언제까지 이렇게 죽도록 일만 하며 살아야 하는 건가?"

"천민 출신도 칼을 쥐고 왕을 쥐락펴락하는 세상이라던데⋯⋯."

망이와 망소이는 불꽃을 보며 두런거렸어요. 날이 새는 줄도 모르고 밤새 이야기를 나누었지요. 둘은 꺼져 가는 불꽃을 보며 그제야 자리에서 일어났어요. 그러나 그들의 눈빛만큼은 어느 때보다 활활 타올랐어요.

얼마 뒤, 망이와 망소이가 이끄는 무리가 세상에 나타났어요. 저마다 낫이나 호미 같은 농기구를 들고 밖으로 뛰쳐나와 이렇게 외쳤어요.

"이대로는 못 살겠다! 세상에 천한 사람은 없다!"

망이와 망소이를 따르는 자들이 빠르게 늘어났어요. 그들은 공주를 점령하고, 조정에서 보낸 3천 명의 군사도 꺾어 버렸어요. 소식을 듣고 지방 곳곳에서 농기구를 들고 백성들이 일어났어요.

왕은 신하들과 함께 이 일을 논의했어요. 그러고는 명학소의 주민들에게 일반 백성과 똑같이 대접해 주겠다고 설득했어요. 또한 많은 곡식을 하사하며 그들의 분노를 달랬어요. 하지만 진짜 속셈은 따로 있었어요.

"천한 것들이 어디라고 감히 칼을 들고 설치느냐! 조금 잠잠해지거든 가족들까지 싹 붙잡아 가두어라!"

망이와 망소이는 갑자기 태도를 바꾸는 조정에 대해 화가 났어요. 이들의 싸움은 길게 이어질 수밖에 없었지요.

망이와 망소이가 이끌던 무리는 새로운 세상을 꿈꾸며 1년 넘게 싸웠어요. 그러나 결국 관군에게 붙잡혀 죽고 말았어요. 비록 그들은 세상을 떠났지만 그들이 남긴 불씨는 고려 땅 곳곳에 꺼지지 않은 채 살아 있었어요.

🌀 이야기 둘

깊은 산속에 지게를 진 노비 다섯이 모였어요.

"주인 나리께 나무를 하러 간다 하고 나왔네. 자네들도 우리가 무슨 일을 하는지 들키지 않았겠지?"

만적이 주위의 얼굴들을 하나하나 살폈어요. 목숨을 걸고 만적과 뜻을 같이 한 자들이었어요.

만적은 당시의 최고 권력자인 최충헌의 노비였어요. 그는 권력자의 문턱을 드나드는 관리들을 보며 자신의 삶이 더욱 비참하게 느껴졌어요. 그는 불공평한 세상을 바꿀 때를 준비하며 기다렸어요.

"높은 관리 중에는 천민 출신도 많소. 태어날 때부터 왕이며 귀족이며 천민이 결정되지 않소. 그런데도 왜 우리는 주인을 위해 고되게 일만 하면서 짐승처럼 맞고 살아야 한단 말이오!"

만적은 누런 종이를 노비들에게 나누어 주었어요.

"'정(丁)'자가 써진 종이를 지니고 있는 자들이 우리와 함께 세상을 바꿀 것이오. 다음 번 모임에서는 이 표시를 붙인 수천 명의 노비들이 함께 할 거요. 이후 조정의 청사를 습격해 우리의 뜻을 전하겠소."

그러나 막상 약속한 날이 되자 모인 사람은 수백 명에 불과했어요. 하는 수 없이 노비들은 날짜를 다시 정하고 모이기로 했어요. 그러던 중 한 노비가 자신들의 계획이 실패할까 두려웠어요.

"주인 나리가 알게 되면 어쩌지? 난 맞아 죽을지도 몰라!"

결국 이 노비가 주인에게 몰래 말하여 만적의 계획은 거사 전에 들키고 말았어요.

그리하여 만적을 포함한 백여 명의 노비들이 붙잡혀 목숨을 잃었어요.

🌀 언제 무슨 일이? 1198년 노비 만적이 난을 일으킴

백성들은 세금에, 관리들의 횡포에, 주인의 착취에 시달렸어요. 고통스러운 삶에 불만을 품은 이들이 많아졌지요. 정중부의 난 이래 천민 출신들도 권력자가 되면서 신분 질서도 크게 흔들렸어요. 나라가 불안해지자 억눌려 있던 백성들이 세상에 자신들의 뜻을 전하고자 분연히 일어섰습니다.

5

몽골의 침입

무신들이 고려를 장악하고 있을 무렵, 세계는 요동치고 있었어. 몽골 초원에 테무친이라는 뛰어난 지도자가 나타났는데, 이자가 바로 칭기즈 칸이야. 힘을 키운 몽골은 아시아와 유럽을 정복해 가면서 전 세계를 공포로 몰아넣었어. 고려 또한 몽골의 표적이 되었지. 몽골이 침입한 고려에서는 어떤 일들이 일어났을까?

고려

뱃사공 손돌 이야기

고종은 최우의 말을 듣고 깜짝 놀랐어요.

"도읍을 옮긴다니요? 그것도 섬으로 말입니까?"

"아시다시피 몽골이 다시 쳐들어오지 않도록 그들이 원하는 건 다 해 주었습니다. 그런데 그들은 점점 더 많은 특산품과 여인들을 바치라고 협박하고 있습니다. 분명 괜한 트집을 잡아 또 쳐들어올 것입니다. 미리 안전한 곳으로 피해야 합니다."

고종은 고개를 절레절레 저으며 말했어요.

"저들은 세계 최강의 군대를 가진 자들인데, 강화도라고 무사할까요?"

"초원에서만 싸우던 자들입니다. 바다에서 싸운다면 우리가 유리할 수도 있습니다."

왕과 귀족들은 피난을 가면서 백성들에게는 몽골군에 맞서 싸우라고 했어. 세계 최강의 군대에 맞서서 고려를 지킨 건 바로 백성들이야.

고종은 왕보다 더한 권력을 가진 최우의 말을 거스를 수 없었어요. 결국 도읍을 강화로 옮기고 왕과 귀족들도 강화도로 옮겨 가기로 했어요.

고종이 강화도로 피난을 가려고 배에 올랐어요. 왕은 목숨을 구하러 도망치는 길이 즐거울 리 없었어요. 왕은 입을 꾹 다문 채 노를 젓는 뱃

사공만 바라보았어요.

그런데 물길이 갑자기 좁아지면서 물살이 급격히 빨라졌어요. 배가 기우뚱거리자 왕이 겁을 먹고 뱃전을 꽉 붙잡았어요.

"네놈이 목숨이 두 개인 모양이구나! 폐하를 모시고 가는 길인데 어찌 이리 험하게 배를 몬단 말이냐!"

호위 무사가 벌떡 일어나 뱃사공 손돌을 윽박질렀어요. 놀란 손돌이 머리를 조아리며 빌었어요.

"어이쿠, 죄송합니다. 이곳은 원래 물길이 좁고 바위가 많은 곳입니다. 조금만 더 가면 뱃길이 열릴 것입니다. 고되지만 섬에 닿으려면 이곳을 꼭 지나야만 합니다."

손돌의 말대로 그곳은 물살이 험하고 물이 빙빙 돌아 소용돌이가 자주 나타나는 곳이었어요. 노를 쥔 손돌의 손이 덜덜 떨렸고, 배가 소용돌이에 휩쓸려 제자리에서 빙빙 돌았어요. 고종이 벌떡 일어나 무사의 칼집에서 칼을 빼어 들었어요.

"세상이 흉흉하더니, 이놈은 나를 해치라고 누군가 보낸 자가 분명하다. 이렇게 위험한 곳으로 끌어들인 건 나를 죽이기 위함이다!"

고종이 칼을 높이 쳐들자 손돌이 황급히 바가지를 물 위에 띄우며 외쳤어요.

"제 목숨은 하찮으나 임금께서는 무사히 섬에 도착하셔야 합니다. 이 바가지가 가는 대로 따라가면 섬에 가실 수 있습니다."

손돌은 마지막 말을 남기고 고종의 칼에 맞아 쓰러졌어요.

잠시 뒤, 손돌의 말대로 바가지는 빙빙 제자리를 도는 듯하더니 유유히 흘러가기 시작했어요. 그리고 곧 섬이 모습을 드러냈습니다.

"내가 죄 없는 백성을 죽였구나……."

고종은 반성하며 손돌의 묘를 만들어 주었어요. 이후 물살이 험한 그곳은 손돌목이라 불리게 되었습니다.

☁ 언제 무슨 일이? 1231년 몽골의 고려 침입,
　　　　　　　　　1232년 도읍지를 강화도로 옮김

고려는 약 40년 동안 몽골과 전쟁을 벌였습니다. 백성들은 맨몸으로 몽골군에 맞서 싸우는 한편, 나라에 세금도 꼬박꼬박 내야 했기 때문에 그 고통이 몇 배에 달했습니다. 반면 강화도로 피신한 왕과 귀족들은 여전히 사치와 향락에 빠져 살았습니다.

딸을 지키려던 홍규

몽골군은 수많은 고려인을 포로로 끌고 갔어요. 특히 아무 집이나 무자비하게 뒤져 혼인하지 않은 여인은 무조건 데려갔어요. 하루아침에 딸을 잃은 집에서는 밤새 곡소리가 흘러나왔어요.

충렬왕의 왕비 장목왕후는 원나라 황제의 딸이었어요. 장목왕후는 미모가 뛰어난 고려 여인을 뽑아다가 황제에게 바치곤 해 백성들의 분노를 샀어요.

"들었소? 이번에 장목왕후가 자네 딸도 데려간다던데……."

고려의 높은 관리였던 홍규는 눈앞이 캄캄해졌어요. 애지중지 키운 어여쁜 딸이 원수 같은 원나라 황제의 시녀가 된다니요.

"내가 죽는 한이 있어도 딸은 보낼 수 없다."

딸과 마주 앉은 홍규는 딸에게 큰 가위를 내밀었어요. 딸도 아버지의 뜻을 알아차린 듯 고개를 끄덕이고는 묶었던 머리를 풀었어요. 홍규는 딸의 탐스러운 머리카락을 움켜쥐고 가위로 서걱서걱 잘랐어요. 잘려진 머리카락이 바닥에 떨어지자 두 사람은 펑펑 울었어요.

며칠 뒤, 장목왕후가 고려의 내로라하는 미인들을 궁으로 불러 모았어요. 그중에는 홍규의 딸도 있었지요. 장목왕후는 머리카락이 다 잘린 여인을 보며 길길이 날뛰었어요.

"이는 나를 업신여기는 행동이다! 당장 아비를 끌고 와라!"

홍규와 딸이 형틀에 묶였습니다. 두 사람은 곤장으로, 채찍으로 정신을 잃을 때까지 매를 맞았어요. 겨우 정신을 차린 홍규는 전 재산을 빼앗긴 채 멀리 귀양 보내졌고, 딸은 원나라 사신에게 팔려 갔어요. 그 뒤로 이들의 소식을 전해 들은 이가 없다고 합니다.

효자 김천 이야기

김천은 친구가 집 안으로 헐레벌떡 들어오는 걸 보았어요.

"무슨 일로 이리 호들갑인가?"

"김천! 내가 오늘 시장에서 원나라에서 왔다는 사람을 만났는데, 그 사람이 이 편지를 자네에게 전해 달라고 하지 뭔가!"

편지를 펼쳐 보는 김천의 손이 바들바들 떨렸어요. 그 편지는 그의 어머니가 보낸 편지였답니다.

몽골군이 김천의 어머니와 동생을 포로로 잡아간 지 벌써 여러 해가 흘렀어요. 김천은 매일매일을 눈물로 지새우며 어머니와 동생의 소식을 기다렸지만 아무 소식도 들려오지 않았어요. 김천은 미어지는 마음을 다잡으며 버텨 오던 터였어요.

"천아, 고향에 간다는 사람이 있어 너를 찾아 꼭 이 편지를 전해 달라고 부탁했다. 나와 네 동생은 목숨은 건졌지만 다른 사람의 노비가 되었구나. 갖은 고생을 다 겪고 있으니 산 것 같지도 죽은 것 같지도 않구나."

편지 위로 김천의 눈물이 뚝뚝 떨어졌어요.

'반드시 어머니를 모셔 오겠어요.'

어머니를 빼내 오려면 돈이 필요했기 때문에 김천은 마을 이곳저곳에서 돈을 빌렸어요. 그러던 중에 왕이 원나라에 간다는 소식을 들었어요. 김천은 관아에 가서 무릎을 꿇고 빌었어요.

"전하께서 원나라로 가시는 행렬에 저도 함께 갈 수 있도록 해 주세요!"

당연히 김천의 요청은 거절당했어요. 크게 상심하고 있는데 한 승려가 김천의 사정을 알게 되었어요.

"사정이 참 딱하구려. 나의 형이 관직에 있어 원나라에 갈 일이 있으니 그와 함께 갈 수 있게 말해 놓으리다."

김천은 이렇게 우여곡절 끝에 원나라 땅을 밟게 되었어요. 묻고 또 물어 어머니가 편지에 적어 보낸 집을 찾을 수 있었지요.

김천이 문을 두드리자 비쩍 마른 몸에 누더기 옷을 걸친 한 노파가 김천을 맞이했어요.

"누구신지요?"

"저는 어머니를 찾아 고려에서 온 김천이라고 합니다."

김천의 말이 끝나자마자 노파가 주저앉아 울음을 터트렸어요.

"천아! 내가 다행히 살아서 내 아들 천이를 만나는구나!"

두 사람은 한참을 부둥켜안고 울었어요. 김천은 주인에게 몸값을 치른 뒤 어머니와 함께 무사히 고려로 돌아왔어요. 그리고 열심히 돈을 벌어 6년 뒤에는 동생을 고향으로 데려왔답니다.

김천이 포로로 끌려갔던 어머니와 동생을 되찾아 왔다는 소문은 사람들의 마음을 울렸어요. 이 소문은 관아에까지 흘러들어갔고, 김천의 효심을 기리기 위한 비석이 세워졌답니다.

✆ 언제 무슨 일이? 1270년 도읍지를 개경으로 다시 옮김

강화도에서 개경으로 다시 도읍지가 옮겨졌고, 최씨 정권도 무너졌어요. 원나라는 본격적으로 고려를 간섭하며 처참하게 짓밟았지요. 그들은 지나는 곳마다 칼을 휘둘렀고, 재물을 빼앗았으며, 수많은 고려인을 포로로 잡아갔어요. 백성들의 고통은 이루 말할 수 없었어요.

부처님의 말씀으로 위기를 이겨 내자 – 팔만대장경

거란이 고려를 침략할 무렵, 고려의 왕이었던 현종은 부처님께 기도하는 마음으로 목판에 부처님의 가르침을 새겼어요. 그런데 우연이었는지, 부처님 덕이었는지 고려는 무사히 거란의 침략을 막아 내었어요.

그런데 몽골군이 쳐들어오면서 그때 만든 대장경을 불태워 버렸어요. 그동안 대장경이 고려를 지켜 주어 전쟁을 막았다고 생각했는데, 이 대장경이 불타 버리자 왕과 백성들은 충격과 슬픔에 빠졌어요.

강화도로 도읍을 옮긴 무신 정권은 대장경을 다시 만들기로 했어요. 부처님의 힘을 빌어 몽골군을 물리치고픈 바람을 담아서 말이지요.

대장경을 만들려면 많은 양의 나무가 필요했어요. 질 좋은 나무를 잘라 바닷물에 담가 두기를 몇 년, 바람에 잘 말리는 데 다시 몇 년이 걸렸어요. 그렇게 해야 시간이 흘러도 나무판이 뒤틀리지 않기 때문이에요.

나무가 잘 마르면 이번에는 나무를 같은 크기로 잘라 나무판을 만들고 글자를 새겼어요. 한 글자라도 틀리면 처음부터 다시 새겼어요. 한 판이 완성되면 네 모서리에 구리판을 덧대었어요.

1251년에 완성된 팔만대장경은 만드는 데에만 16년이 걸렸어요. 목판이 8만 1258판에 이르며, 새겨진 글자만도 5천 200여 만자에 달해요. 그럼에도 틀린 글자가 하나도 없다고 해요.

만드는 과정에 공을 들였기 때문에 700년이 훌쩍 넘은 지금까지도 썩거나 뒤틀리지 않고 잘 보존되어 있어요. 팔만대장경은 현재 합천 해인사에서 보관하고 있답니다.

공녀에서 황후가 되다, 기황후

몽골은 고려에 여인들을 바치라고 수차례 명령했어요. 이렇게 몽골에 바쳐지는 고려의 여인들을 '공녀'라고 불렀어요.

기씨 성을 가진 한 여인도 공녀로 끌려가고 있었어요. 이 여인은 입술을 질끈 깨물었어요.

'지금은 이렇게 끌려가지만 결코 비참하게 살지 않겠어!'

기씨 여인은 원나라 황제에게 차를 따르는 궁녀로 일하게 되었어요. 원나라 황제인 순제는 궁녀인 기씨 여인과 이런저런 대화를 나누다가 기씨 여인의 총명함과 단아함에 마음을 빼앗겼어요.

얼마 후 기씨 여인은 순제의 사랑을 독차지하며 원나라의 황후가 되었어요.

"공녀로 끌려와 황후가 된 나야! 이제 내 앞에서 모두 무릎을 꿇으렸다! 호호호!"

기황후는 원나라를 쥐락펴락하기 위해 황실의 관리들을 자신의 세력으로 만들었어요. 게다가 황제와의 사이에서 낳은 아들이 황태자가 되자 기황후는 막대한 권력을 거머쥐게 되었어요.

한편, 공녀로 간 딸이 황후가 되자 고려에 남은 가족들도 기세등등해

148

졌어요. 높은 벼슬을 차지하고 백성들로부터 재산과 노비를 빼앗아 배를
불리며 호화로운 생활을 했어요.

특히 기황후의 오빠인 기철은 교만하고 포악한 자였어요. 동생을 통해
얻은 권력을 유지하려고 원나라의 편에 섰지요.

"여동생이 원나라 황후인데 나도 원나라에 잘 보여야겠지?"

기철은 원나라 황제에게 고려를 속국으로 만들어 달라는 편지를 써서
보내기도 했어요.

"고려의 왕이 나라를 잘 다스리지 못하니 원나라가 왕을 내쫓고 직접
고려를 다스려 주소서."

기철의 청은 받아들여지지 않았지만 그는 고려가 원나라의 꼭두각시
가 되도록 했어요. 고려 왕과 귀족들은 기씨 집안의 눈치를 살피는 처지

가 되었지요. 기씨 집안에 대한 백성들의 원망도 하늘을 찔렀어요.

기황후의 욕심은 끝이 없었어요. 황후가 된 것에 만족하지 못하고 직접 원나라를 지배하고자 했어요.

"하루 빨리 내 아들이 원나라의 황제가 되어야 해!"

기황후는 순제를 내쫓고 아들을 황제 자리에 앉힐 계획을 세웠어요. 원나라 황실은 기황후로 인해 한바탕 회오리가 몰아쳤어요. 황위를 놓고 다투느라 황실의 힘도 많이 약해졌지요. 황실이 혼란해지자 반란이 일어났어요.

"반란을 일으킨 자들이 황실까지 쳐들어왔습니다. 어서 몸을 피하셔야 합니다."

천하를 발아래에 놓으려 했던 기황후는 반란 세력에 쫓겨 도망치는 신세가 되었어요. 그녀의 마지막을 본 자는 아무도 없었다고 합니다.

✆ 언제 무슨 일이? 1340년 공녀였던 기씨가 원나라의 황후가 됨

원나라가 고려의 정치에 간섭하면서 원나라의 편에 선 사람들이 새로운 지배 세력이 되었어요. 이들을 '권문세족'이라고 해요. 권문세족은 백성들의 땅을 빼앗고, 백성들을 노비로 만들어 재산을 늘렸어요. 세금도 내지 않아 나라 백성들뿐만 아니라 나라의 살림도 점점 어려워졌어요.

몽고풍과 고려양

　충렬왕은 어린 시절을 원나라에서 보냈어요. 그는 고려로 돌아와 신하들에게도 변발과 호복을 하도록 강요했어요. 변발은 몽골의 머리 형태이고, 호복은 몽골의 옷차림이랍니다. 원나라에서 온 공주들로부터 몽골의 생활 방식이 전해지기도 했어요. 이렇게 몽골의 풍속이 고려로 전해지면서 왕과 귀족, 백성들에게까지 널리 퍼졌어요. 이를 몽고풍이라고 하는데, 현재까지 남아 있는 것들이 꽤 많아요.

　몽고풍 음식으로는 호떡, 만두, 소주 등이 있어요. 몽골에서 양을 삶아 먹던 음식은 고려에 전해져 설렁탕이 되었지요. 여인들이 결혼할 때 연지곤지를 찍는 것, 혼인할 때 족두리를 쓰고 큰 댕기를 길게 드리우는 것도 몽고풍이에요.

　원나라가 고려의 정치에 간섭하기 위해 보낸 관리들을 '다루가치'라고 하는데, 이때 '치'란 '사람'을 뜻하는 말이에요. 우리말의 '장사치', '벼슬아치' 등도 몽골 말에서 유래한 거지요. 제주도에 있는 초원 지대도 몽고풍이에요. 원나라가 제주도에서 직접 말을 기르면서 인공적으로 초원을 만들었거든요.

　한편, 공녀들은 원나라에 고려의 생활양식을 전하기도 했어요. 이를 '고려양'이라고 해요. 고려 여인들은 주로 신발, 모자 같은 의복 문화와 음식 문화를 전해 주었어요. 특히 밀가루에 참기름을 넣고 반죽해 튀긴 다음 꿀을 바른 '유밀과'는 '고려병'이라는 이름으로 원나라에서 크게 유행했다고 해요.

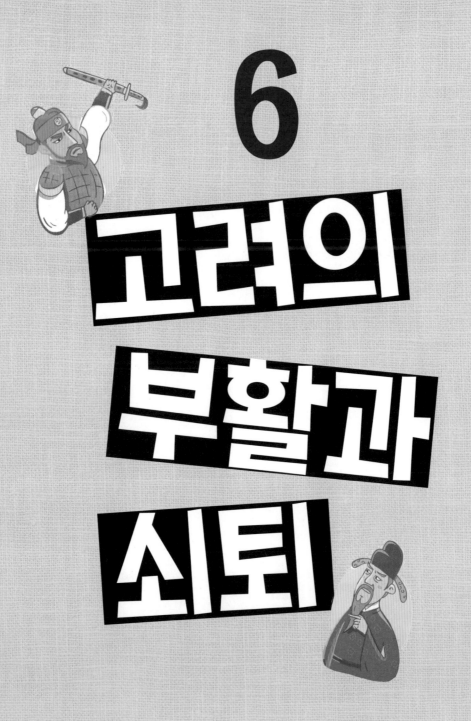

6

고려의
부활과
소퇴

고려가 100여 년간 원나라의 간섭을 받는 동안 고려에는 엄청 난 변화가 일어났어. 고려의 왕들은 대부분 원나라의 사위가 되었고, 원나라에 충성하라는 뜻에서 왕의 이름 앞에 '충' 자를 붙이는 굴욕까지 당했어. 원나라의 편에 서서 출세한 자들도 있었지. 그러나 권력은 영원하지 않아. 원나라가 급격히 몰락 하자 고려 안에서도 다시 일어서겠다는 움직임이 일었어. 공민 왕이 그 일을 시작했어.

고려

공민왕과 신돈

이야기 하나

원나라 편에 서서 호화로운 생활을 누리던 권문세족들은 어두운 낯빛으로 수군거렸어요.

> 원나라에서 농민들이 난을 일으켰어. 이들은 붉은 천으로 머리를 싸매 '홍건적'이라고 불렸지. 이 일로 원나라는 힘을 많이 잃게 돼.

"원나라에서 일어난 반란은 가라앉지 않고 홍건적이 새로운 나라를 세우려 한다더군요."

"원나라가 망한다는 얘기잖아요. 그럼 우리는 이제 어쩌죠?"

원나라가 내리막길을 걷던 이즈음 공민왕이 고려의 왕이 되었어요. 공민왕은 힘없이 원나라에 끌려다니는 왕이 아니었어요. 지금이야말로 고려에서 원나라를 밀어낼 기회라고 생각했지요. 그 뜻으로 공민왕은 왕이 된 직후 변발을 풀고 사람들 앞에 나타났어요.

"변발은 원나라의 풍속이다. 앞으로 고려에서 원나라의 풍속을 따르는 것을 금한다!"

기황후만 믿고 고려의 정치를 쥐락펴락하던 기씨 집안은 공민왕이 영 못마땅했어요.

기황후의 오빠인 기철은 공민왕을 없앨 계획을 세웠어요. 하지만 공민왕이 한발 빨랐습니다. 그는 폭군처럼 행동하는 기철에게 반대하는 자들과 힘을 모아 기씨 집안사람들을 내쫓았어요.

기황후는 이 소식을 듣고 펄쩍 뛰었어요.

"뭐라고! 감히 고려의 왕 따위가 내 가족을 건드려!"

그러나 원나라의 시대는 이미 저물고 있었고, 기황후의 권세도 예전 같지 않았어요. 기황후 역시 반란 세력에게 쫓기는 신세였거든요.

공민왕은 머뭇거리지 않고 다음 계획을 진행했어요.

"쌍성총관부는 원나라가 고려의 북쪽 땅을 다스리려고 설치한 관청이다. 쌍성총관부를 몰아내고 우리 땅을 되찾겠다!"

고려는 쌍성총관부를 몰아내고 약 100년 만에 고려의 영토를 되찾았어요. 이때 큰 역할을 한 사람들이 후에 조선을 세우는 이자춘과 이성계 부자랍니다.

이야기 둘

깊은 밤, 공민왕이 식은땀을 흘리며 자리에서 벌떡 일어났어요. 왕의 곁을 지키던 노국공주가 걱정스럽게 물었어요.

"나쁜 꿈을 꾸셨나요?"

"꿈에서 웬 자가 내 목에 칼을 들이대며 날 해치려 하였소. 그런데 어디선가 나타난 스님이 내 목숨을 구해 주었소. 그 스님의 얼굴이 내 앞에 있는 것처럼 또렷하게 떠오르니, 나쁜 꿈인지 귀한 분을 만날 꿈인지 잘 모르겠소."

그로부터 며칠 뒤, 한 신하가 스님을 소개해 주었어요.

"지혜가 높은 자이니 가까이 두시고 지혜를 구하시면 좋을 듯합니다."

공민왕은 승려를 보고 깜짝 놀랐어요. 꿈속에서 자기의 목숨을 구해 준 자와 똑같이 생겼기 때문이었어요.

"내가 귀한 분을 만나려 그런 꿈을 꾸었나 봅니다!"

공민왕은 승려인 신돈의 손을 꼭 잡으며 반가워했어요.

신돈은 절에서 나고 자라 자연스럽게 승려가 되었지만, 종의 아들이라는 이유로 출세할 수 없었어요. 그러나 공민왕을 만나게 되면서 상황이 바뀌었어요. 공민왕은 신돈을 '스승'이라고 부르며 곁에 두고 조언을 구했어요.

이즈음 공민왕은 왕비인 노국공주를 잃었어요. 슬픔에 빠져 아무것도 할 수 없게 된 공민왕은 신돈에게 나랏일을 모두 맡겼어요.

"저는 신분이 미천하나, 그 덕에 백성들의 곁에서 그들의 이야기에 늘 귀를 기울일 수 있었습니다. 그런데 백성들은 지금 권문세족에게 땅을 다 빼앗기고 노비가 되어 비참하게 살고 있습니다. 이들에게 땅을 돌려주고 억울하게 노비가 된 자들을 해방시켜 주는 것이 좋을 듯합니다."

공민왕은 신돈의 말이라면 무엇이든 들어주었어요. 신돈의 파격적인 정책이 실현되면서 땅과 노비를 한꺼번에 잃게 된 권문세족들이 신돈을 맹렬하게 비난했어요.

"전하, 근본도 없는 요망한 중놈의 말을 믿으시면 아니 되옵니다!"

반면 백성들은 신돈의 정책을 두 팔 벌려 환영했어요.

"이제야 우리에게 좀 살맛나는 세상이 오려 나 보오. 이게 다 성인 이신 신돈 어르신 덕분 이오!"

　시간이 갈수록 신돈의 세력은 점점 커졌고, 백성들은 왕보다 그를 더 우러러보았어요. 신돈은 점차 거만해졌고, 왕 노릇을 하면서 마음대로 정치를 주물렀어요. 이쯤 되자 공민왕은 신돈의 힘이 커지는 것이 두려웠어요.

　한편 귀족들은 끝없이 신돈을 헐뜯고 죄를 뒤집어씌웠어요. 결국 공민왕은 한때 스승으로 삼았던 신돈을 처형하고 말았어요.

　🌀 언제 무슨 일이? 1351년 고려 31대 왕 공민왕 즉위

공민왕은 원나라의 그늘에서 벗어나고자 개혁 정책을 펼쳤어요. 변발과 호복 등 몽골식 풍습을 금지했고, 원나라에 빼앗긴 땅을 되찾았으며, 원나라에 빌붙어 권력을 누리던 사람들을 몰아냈어요. 또한 신돈과 함께 고려의 변화를 이끌어 내려 애썼습니다.

목화씨로 백성을 구한 문익점

문익점은 과거에 급제하고 원나라에 사신으로 가게 되었어요. 그런데 그곳에서 난생 처음 보는 옷감으로 옷을 지어 입은 사람들을 만났어요.

"귀족부터 일반 백성까지 모두 이 옷감으로 만든 옷을 입고 있으니, 이 옷감을 무엇이라 부릅니까?"

"무명도 모르오? 하얀 목화에서 실을 뽑아 옷감을 만들고 옷을 지어 입는다오. 목화로 만든 무명옷은 가볍고 따뜻하지."

문익점은 얇고 거친 삼베옷을 입는 고려 사람들이 떠올랐어요. 귀족들은 비단옷을 입을 수 있었지만, 일반 백성들은 마로 만든 삼베옷을 입었어요. 삼베옷은 너무 얇아서 한겨울에는 맨살로 칼바람을 맞는 것과 다름없었어요.

문익점은 물어물어 목화밭을 찾아갔어요. 새하얀 목화꽃이 뒤덮인 목화밭을 보며 가슴이 두근두근 뛰었답니다.

'고려에도 목화가 필요해. 그래야 백성들이 지금보다 따뜻하게 겨울을 날 수 있어.'

그런데 원나라에서는 목화씨를 다른 나라로 가져가지 못하게 했어요. 목화를 재배하는 방법도 알려 주려 하지 않았어요.

문익점은 간신히 구한 목화씨를 고려로 가져갈 방법을 궁리했어요. 그러던 중 짐 꾸러미에 놓여 있던 붓이 눈에 띄었어요.

"그래. 붓두껍에 목화 씨앗을 숨겨 고려로 돌아가야겠다."

국경을 무사히 통과해 고려로 돌아온 뒤, 문익점은 자신에게 주어진 벼슬자리를 마다하고 고향으로 내려갔어요. 벼슬보다 더 중요한 일을 해야 했기 때문이에요.

문익점은 장인인 정천익을 만나 도움을 부탁했어요.

"이것은 원나라에서 가져온 목화 씨앗입니다. 이것을 잘 기르면 백성들도 부드럽고 따뜻한 무명옷을 입을 수 있을 것입니다."

장인은 목화 씨앗을 밭에 심었어요. 그러나 재배하는 방법도 몰랐고, 원나라와는 땅도 물도 다른 탓에 잘 자라지 않았어요. 결국 모두 말라 죽고 딱 한 줄기에서 하얀 목화꽃이 터져 나왔어요.

장인은 겨우 건진 씨앗을 소중히 보관해 두었다가 다음 해에 다시 심었어요. 그러기를 3년. 드디어 넉넉한 양의 목화씨를 얻을 수 있게 되었어요.

사실 문익점이 붓두껍에 목화씨를 숨겨 왔다는 기록은 없어. 이야기가 전해지면서 덧붙여진 것 같아.

"목화는 얻었다만 이것으로 어떻게 옷을 지어 입나?"

두 사람은 답을 알 수 없어 막막했어요. 그런데 마침 마을에 원나라 출신의 승려가 있었어요. 문익점과 장인은 승려에게 물어 목화씨를 뽑는 기구와 목화에서 실을 뽑는 기구까지 만들었어요. 여기까지 다시 5년의 시간이 필요했지요.

이제 백성들은 여름에는 시원한 삼베옷을 입을 수 있게 되었고, 겨울에는 무명 솜옷으로 따뜻하게 지낼 수 있게 되었어요.

언제 무슨 일이? 1364년 문익점이 목화 재배를 시험함

문익점이 원나라에서 목화씨를 가져오기 전에도 고려에는 목화가 있었어요. 다만 재배 방법이 발전하지 못했거나 옷감으로 만들 만한 기술이 없었겠지요. 문익점과 정천익의 노력 덕분에 우리나라의 의복 역사는 큰 변화를 맞았답니다.

역사 깊이 보기

우리나라 최초의 화약을 발명한 최무선

고려 말, 바닷가에 자리 잡은 마을들은 배를 타고 건너와 도둑질을 해 가는 왜구 때문에 고통받고 있었어요. 당시 일본은 나라 안에서 전쟁을 벌이고 있었는데, 전쟁에 필요한 물자나 사람을 고려에서 훔쳐 간 거예요.

최무선은 군사를 지휘하고 전쟁하는 방법을 연구하던 사람이었어요. 그는 해안가에 들끓는 왜구를 무찌르는 데 원나라에서 본 '화약'만한 게 없다고 생각했어요. 그러나 고려에는 아직 화약을 아는 사람이 많지 않았고, 당연히 만드는 방법도 전해지지 않았어요.

그는 원나라에서 상인이 올 때마다 부리나케 달려가 화약 만드는 법을 물었어요. 그러나 이 방법도 신통치 않자 원나라까지 가서 화약 만드는 법을 배웠어요. 원나라에서도 화약 만드는 기술은 워낙에 비밀이라 최무선은 두 발로 바쁘게 뛰어다니고 사정하며 기술을 익혀야 했답니다.

화약 만드는 법을 알게 된 뒤에는 집에서 화약을 만들어 보고, 노비들에게도 그 기술을 가르쳤어요. 그렇게 최무선은 우리나라 최초로 화약을 만든 사람이 되었어요.

그는 이 기술을 쓸모 있게 사용하고 싶었어요. 그래서 화약과 화포를 만들 관청을 만들어 달라고 조정에 건의했어요. 그러나 당시만 해도 화포로 적을 물리칠 수 있다고 생각하는 사람은 없었어요. 최무선은 비웃음을 당하기 일쑤였어요.

최무선은 몇 년 동안 끈질기게 설득했어요. 그리고 마침내 1377년에 화약과 화포를 다루는 관청인 '화통도감'이 생겨났어요. 최무선은 이 기관의 책임자가 되어 고려가 군사력을 끌어올리는 데 커다란 기여를 했어요.

고 려

최영과 이성계

이야기 하나

고려 곳곳이 왜구 때문에 몸살을 앓았어요. 바닷가 마을에만 나타나던 왜구들은 이제 개경 바로 앞까지 나타나 불을 지르고, 사람들을 죽이고, 물건을 빼앗아 갔어요. 그러고는 배를 타고 쌩하니 달아났지요.

"위에서는 홍건적이 위협해 오고, 아래에서는 왜구가 출몰하니 백성들의 고통이 극심합니다."

"최영 장군과 이성계 장군에게 적을 무찌르고 나라를 지키게 하라!"

전쟁터에서 최영은 두려운 것이 없었어요. 적이 휘두르는 칼이 얼굴을 스쳐가도 눈 한 번 깜빡이지 않았어요.

왜구 무리가 충청도 홍산에 왔을 때 최영은 앞장서서 싸웠어요. 이때 풀숲에 숨어 있던 왜구가 최영에게 화살을 쏘았고, 그 화살이 최영의 입술에 박혔어요.

그러나 최영은 활을 당겨 그 왜

구를 쓰러뜨린 뒤에야 입
술에 박힌 화살을 뽑았어
요. 그리고 나서는 다시 적들을
향해 달려 나갔어요.

이성계는 최영보다 어렸지만 전
쟁터에서만큼은 따를 자가 없었어
요. 고려 땅을 종횡무진하며 홍건적과
왜구를 무찔렀지요. 이성계가 싸움에 나
가면 승리의 깃발은 언제나 고려의 것이었
어요.

"최무선이 화포를 이용해 왜구를 크게 물리
쳤습니다! 그런데 미처 돌아가지 못한 300여 명
이 마을 곳곳에 불을 지르며 날뛰고 있다고 합
니다!"

최영은 홍산대첩, 이성계는 황
산대첩에서 왜구를 크게 무찔
렀어. 이후로 왜구는 고려를
쉽게 침략하지 못했어.

이성계가 군사를 이끌고 황산으로 달려갔어
요. 하지만 왜구들은 이미 산꼭대기로 도망친 뒤였어요.

"산세가 험하고 숲이 깊어 적들이 어디에 숨어 있을지 모릅니다. 위험
하니 우선 후퇴하는 게 좋을 듯합니다."

부하들이 말렸지만 이성계는 뒤도 돌아보지 않고 산을 올랐어요. 그리
고는 치열한 사투 끝에 왜구 두목의 목을 베어 산을 내려왔어요.

이성계가 황산에서 왜구를 크게 무찌르고 돌아오는 길이었어요. 최영

이 이성계를 반가이 맞으며 그의 두 손을 꽉 붙잡고 말했어요.

"장군 같은 사람이 있어 쓰러져 가는 고려가 다시 일어날 수 있소이다!"

이야기 둘

"명나라가 북쪽 땅을 내놓으라고 협박하고 있으니 어쩌면 좋겠습니까?"

고려의 우왕이 굳은 표정으로 신하들에게 물었어요.

최영이 왕에게 아뢰었어요.

"그 땅은 선왕이신 공민왕께옵서 원나라로부터 어렵게 되찾은 땅입니다. 명나라는 세워진 지 얼마 안 된 나라인데, 그들의 요구를 들어주면 앞으로 고려를 무시할 게 뻔합니다. 우리가 먼저 그들을 공격해서 본때를 보여 줘야 합니다!"

신하들이 웅성댔어요. 이때 이성계가 앞으로 나왔어요.

"고려는 명나라를 치기에는 작은 나라입니다. 설사 전쟁을 하러 간들, 그 사이에 남쪽에서 왜구가 쳐들어오면 어찌 하실 겁니까? 또한 지금 같은 여름철에 농사를 지어야 할 농민을 전쟁터로 끌고 나가는 것은 바람직하지 않습니다. 매일같이 비가 오는 탓에 군대가 힘을 쓸 수도 없습니다."

이성계는 전쟁에 반대했지만 팔도도통사인 최영의 주장을 꺾을 수는 없었어요. 이성계는 최영의 명령으로 군사를 이끌고 요동 지역으로 향했어요.

이성계의 군사는 압록강 한가운데에 있는 위화도에서 진군을 멈췄어요. 그곳에서 이성계는 생각을 바꾸었습니다.

"가던 길을 돌려 다시 개경으로 향한다! 설득이 되지 않는다면 힘으로 막아 내 뜻을 펼칠 것이다!"

이성계는 단숨에 개경으로 돌아갔어요. 그와 함께했던 군사들은 이미 이성계의 편에 섰기 때문에 우왕과 최영은 버틸 재간이 없었어요.

최영은 처형을 당하는 그 순간까지도 꼿꼿하고 태연했다고 합니다. 그가 죽던 날, 많은 백성이 눈물을 흘렸습니다.

🐚 언제 무슨 일이? 1388년 이성계의 위화도 회군

고려 말, 이성계는 최영의 명령으로 군사를 이끌고 요동 정벌에 나섰어요. 그러나 위화도에서 군사를 돌려 개경으로 돌아온 뒤 권력을 손에 넣었어요. 그리고 새 나라를 세울 준비를 하였습니다.

이방원과 정몽주의 시조 대결

이방원은 이성계의 아들이야. 이때 고려는 이성계를 왕으로 새 나라를 세우려는 사람들과 고려를 그대로 두자는 사람들로 나뉘어 있었어.

정몽주는 아직 도착하지 않았어요. 이방원은 홀로 기다리며 아버지 이성계가 한 말을 다시금 떠올렸어요.

"고려를 뒤엎고 새 나라를 세우려면 무엇보다 든든한 내 편이 많이 필요하다. 그중에서도 정몽주는 핵심 인물이다. 그의 지혜와 충성심을 따라갈 자가 없으니 반드시 그의 마음을 돌려 우리 편으로 만들어야 한다."

이때 정몽주가 문을 열고 들어왔어요. 이방원이 일어나 정몽주를 반갑게 맞았어요. 정몽주는 온갖 먹을거리가 가득한 술상과 이방원을 번갈아 보며 물었어요.

"무슨 일로 나를 불렀나?"

"우리는 일찍이 고려가 변해야 한다는 데 뜻을 같이 하지 않았습니까. 동지끼리 술잔을 주고받으며 돈독해지는 것은 좋은 일이지요."

이방원이 웃으며 술잔을 권했어요. 정몽주는 잔을 받으며 차갑게 뱉었어요.

"고려에 새로운 변화가 필요하다고 했지, 고려를 져버리자고는 하지 않았네."

방 안에 침묵이 돌았습니다. 이방원은 술을 한 모금 꿀꺽 삼키고 먼저 입을 열었어요.

"술이 있는 곳에 시가 빠지면 섭섭하지요. 제가 한 수 읊겠습니다."

이런들 어떠하리 저런들 어떠하리

만수산 드렁칡이 얽혀진들 어떠하리

우리도 이같이 얽혀 백 년까지 누리리라

시를 읊은 이방원이 정몽주를 바라보며 마음 속으로 외쳤어요.

'고려는 이미 기울대로 기울었습니다. 우리 편이 되어 칡덩굴처럼 한데 얽혀 끝까지 가십시다! 힘을 보태 주십시오!'

정몽주도 자신을 바라보는 이방원의 표정을 읽었어요.

"뛰어난 실력이네. 나도 한 수 읊겠네."

이 몸이 죽고 죽어 일백 번 고쳐 죽어

백골이 진토되어 넋이라도 있고 없고

임 향한 일편단심이야 가실 줄이 있으랴

정몽주가 이방원을 바라보았습니다. 그 눈빛은 조금의 흔들림도 없이 단호했어요. 이방원은 희미하게 웃으며 고개를 끄덕였어요.

'그 '임'이 고려의 왕임을 잘 알겠습니다. 목숨을 내놓을지언정 고려를 져버릴 뜻은 없으신 것 같군요. 잘 알겠습니다.'

얼마 뒤, 정몽주는 선죽교 위에서 누군가의 칼에 쓰러졌어요. 고려를 지키고자 뜻을 꺾지 않은 정몽주. 그는 목숨을 잃는 그 순간까지도 고려에 충성한 진정한 신하였습니다.

언제 무슨 일이? 1392년 고려가 멸망하고 이성계가 조선을 세움

고려의 조정은 이성계의 편에 서서 새로운 나라를 세우자는 세력과 이에 반대하는 세력이 팽팽하게 맞섰어요. 그중에서도 정몽주는 고려를 지키려던 충신으로 잘 알려져 있지요. 이성계는 자신에게 반대하는 세력을 없애고, 조선이라는 새 나라의 왕이 되었어요.

이야기 하나 더

'두문불출'의 유래

이성계가 고려의 공양왕을 밀어내고 스스로 왕이 되었어요. 그리고 새 나라를 세우고 '조선'이라고 했어요.

새 나라가 세워진 것에 분노하며 땅을 치고 우는 자들이 있었어요. 고려의 멸망을 막으려 했던 고려의 신하들이었지요.

"신하는 두 임금을 섬기지 않소! 이성계는 우리의 임금이 아니오!"

고려의 충신 72명은 개성의 광덕산 남쪽 두문동이라는 마을로 들어갔어요. 새 임금을 섬기느니 세상과 인연을 끊겠다는 각오였지요. 이들은 나라를 잃은 슬픔을 삭이며 편히 쉬지도, 배불리 먹지도 않으며 지냈어요.

이성계는 이들을 자기 세력으로 끌어들이기 위해 애를 썼어요. 온갖 달콤한 말로 설득했지만 이들은 마을 밖으로 한 발짝도 나가지 않았어요.

"조선의 신하가 되느니 차라리 고려의 귀신이 되겠다!"

이성계는 화가 머리끝까지 났어요.

"반역자들에게 더 베풀 아량은 없다! 두문동에 불을 지르고 한 놈도 살려 두지 마라!"

두문동은 순식간에 불길에 휩싸였어요. 그러나 어느 누구도 살려고 밖으로 나오지 않았어요. 결국 모두 불에 타 죽고 말았지요.

두문동에 들어가 세상과 인연을 끊고 바깥으로 나오지 않은 고려 신하들의 충절에서 '두문불출(杜門不出)'이라는 말이 생겨났지요.

지금은 집에만 틀어박혀 바깥출입을 아니함을 뜻하는 말로 쓰이고 있습니다.

한눈에 보는 역사 수다

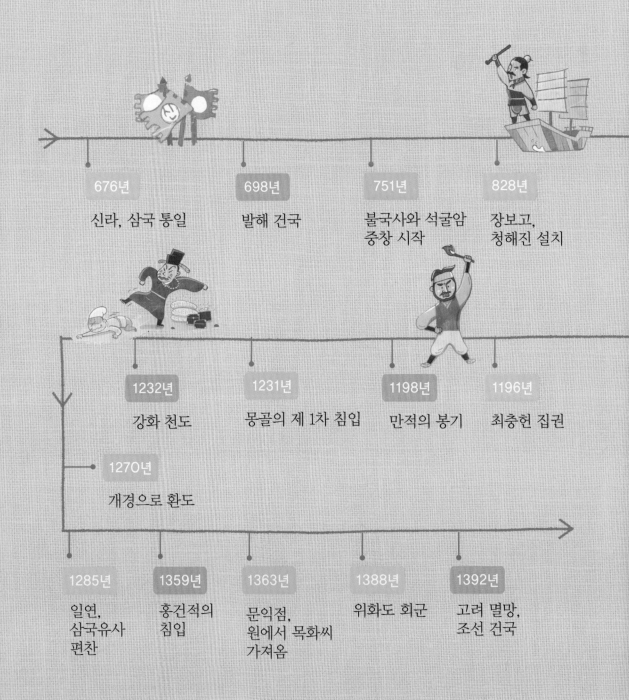

676년
신라, 삼국 통일

698년
발해 건국

751년
불국사와 석굴암
중창 시작

828년
장보고,
청해진 설치

1232년
강화 천도

1231년
몽골의 제 1차 침입

1198년
만적의 봉기

1196년
최충헌 집권

1270년
개경으로 환도

1285년
일연,
삼국유사
편찬

1359년
홍건적의
침입

1363년
문익점,
원에서 목화씨
가져옴

1388년
위화도 회군

1392년
고려 멸망,
조선 건국

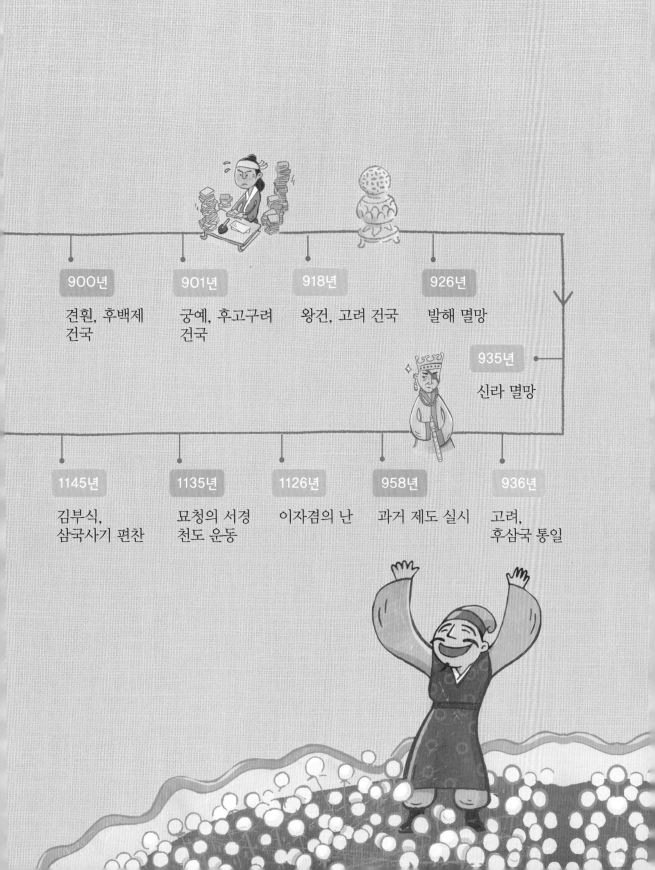

900년

견훤, 후백제
건국

901년

궁예, 후고구려
건국

918년

왕건, 고려 건국

926년

발해 멸망

935년

신라 멸망

1145년

김부식,
삼국사기 편찬

1135년

묘청의 서경
천도 운동

1126년

이자겸의 난

958년

과거 제도 실시

936년

고려,
후삼국 통일

찬란했던 남북국 시대

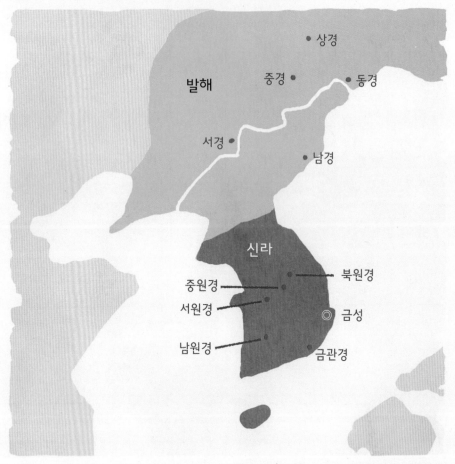

▲ 발해의 5경과 신라의 5소경

　　신라는 삼국을 통일하고 한반도의 주인이 되었어. 약 천 년의 역사를 이어오며 신라만의 역사와 문화를 빛냈단다. 한편, 북쪽 옛 고구려 땅에서는 대조영이 '발해'를 세웠어. 발해는 고구려의 후손임을 밝히며 지금의 러시아 땅까지 그 기세를 떨쳤지. 남과 북의 두 나라는 교류하기도, 견제하기도 하면서 함께 발전해 갔어.

선사 시대　　고조선　　삼국 시대　　　　　　　　　　　　　　　　　　남북국 시대

676년
신라가 당나라를
몰아내고 삼국을
통일

685년
신라, 행정구역을
9주 5소경으로 함

698년
대조영이 발해 건국

신라

통일신라의 이름난 왕들

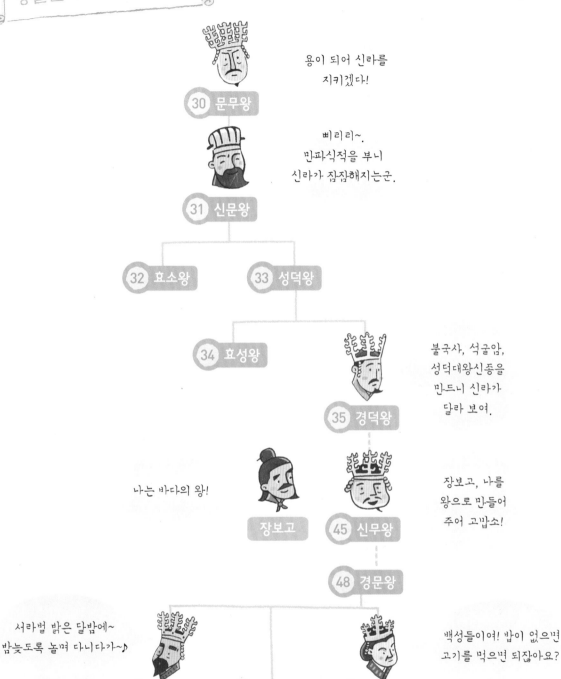

용이 되어 신라를
지키겠다!

30 문무왕

삐리리~.
만파식적을 부니
신라가 잠잠해지는군.

31 신문왕

32 효소왕   33 성덕왕

34 효성왕

불국사, 석굴암,
성덕대왕신종을
만드니 신라가
달라 보여.

35 경덕왕

나는 바다의 왕!

장보고

장보고, 나를
왕으로 만들어
주어 고맙소!

45 신무왕

48 경문왕

서라벌 밝은 달밤에~
밤늦도록 놀며 다니다가~♪

49 헌강왕   50 정강왕   51 진성여왕

백성들이여! 밥이 없으면
고기를 먹으면 되잖아요?

고려   조선   일제강점기   대한민국

751년
불국사와 석굴암 창건

755년
발해 문왕이 상경으로
도읍 천도

828년
장보고가 완도에
청해진 설치

후삼국 시대와 고려의 건국

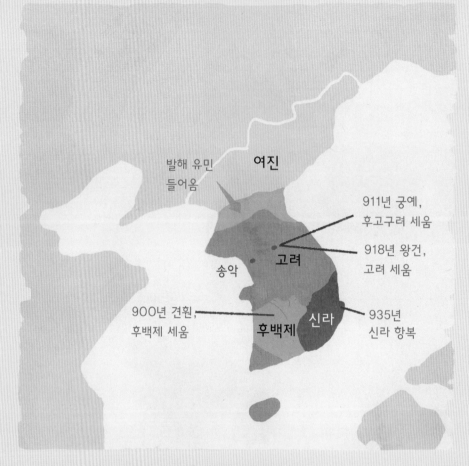

발해 유민
들어옴

여진

911년 궁예,
후고구려 세움

918년 왕건,
고려 세움

고려

송악

신라

900년 견훤,
후백제 세움

후백제

935년
신라 항복

▲ 후삼국과 고려의 건국

　혼란스러운 통일 신라 말기. 호족이라는 새로운 세력이 등장하면서 새 나라들이
세워졌어. 이 땅은 다시 견훤의 후백제, 궁예의 후고구려, 신라 세 나라로 나뉘어졌
지. 세 나라는 서로 한반도의 주인이 되고자 치열하게 싸웠고, 마침내 왕건이 후삼
국을 통일하고 고려를 건국했단다.

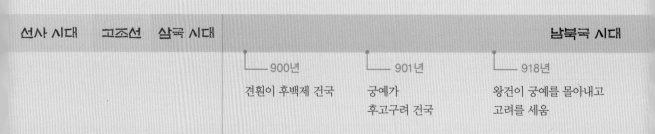

선사 시대　　고조선　　삼국 시대　　　　　　　　　　　　　　　　남북국 시대

900년
견훤이 후백제 건국

901년
궁예가
후고구려 건국

918년
왕건이 궁예를 몰아내고
고려를 세움

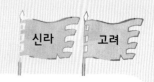

후삼국의 사람들

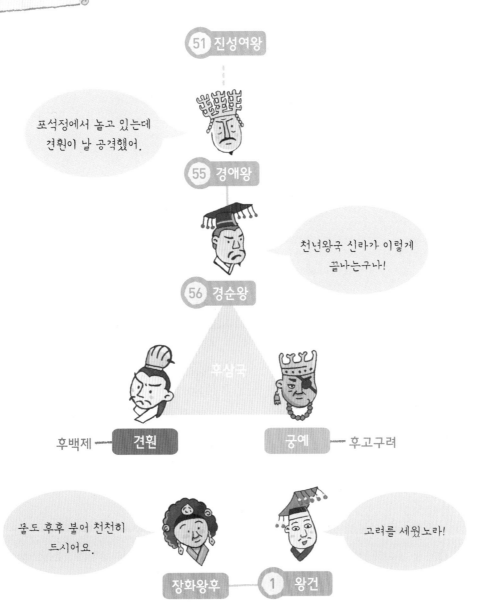

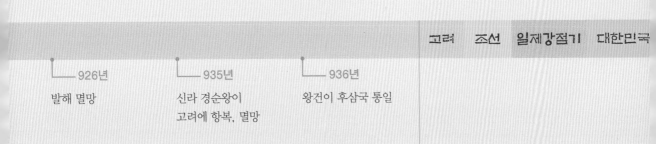

926년
발해 멸망

935년
신라 경순왕이
고려에 항복, 멸망

936년
왕건이 후삼국 통일

고려의 황금기

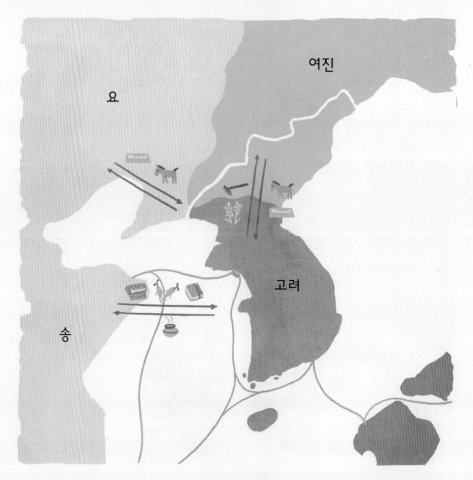

▲ 고려의 무역

 고려가 후삼국을 통일했어. 고려는 제도를 정비하고 왕권을 강화하며 새 시대를 힘차게 받아들였지. 거란이 침략해 어수선한 시기도 잘 헤쳐 나갔고, 고려라는 이름을 세계에 알리기도 했어. 고려는 정치, 경제, 사회, 불교 등 다양한 분야를 발전시키며 황금기를 맞이했어.

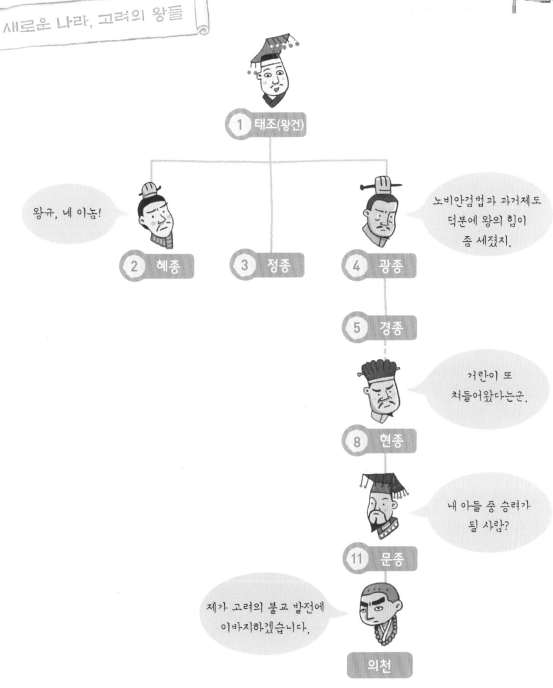

고려

새로운 나라, 고려의 왕들

1 태조(왕건)

왕규, 네 이놈!

2 혜종   3 정종   4 광종

노비안검법과 과거제도
덕분에 왕의 힘이
좀 세졌지.

5 경종

거란이 또
쳐들어왔다는군.

8 현종

내 아들 중 승려가
될 사람?

11 문종

제가 고려의 불교 발전에
이바지하겠습니다.

의천

고려

993년
거란의 1차 침입,
서희가 소손녕을 막음

1010년
거란의 2차 침입,
1018년 거란의
3차 침입

1102년
고려의 화폐
해동통보 사용

흔들리는 고려, 백성들의 힘겨운 삶

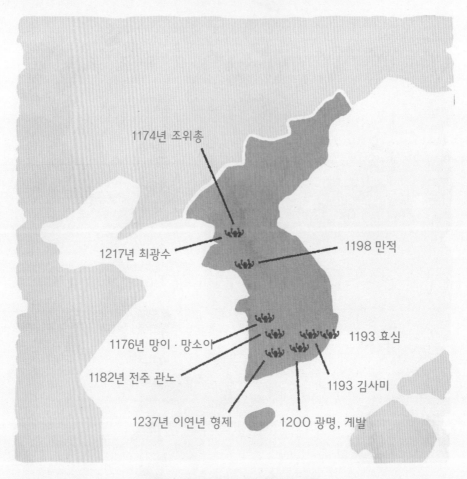

1174년 조위총

1217년 최광수

1198 만적

1176년 망이·망소이

1193 효심

1182년 전주 관노

1193 김사미

1237년 이연년 형제

1200 광명, 계발

▲ 무신 정권기의 농민과 천민의 저항

　이자겸의 난, 묘청의 서경 천도 운동, 무신의 난, 천민과 노비들이 일으킨 난 등 나라를 어지럽히는 사건이 이어지면서 고려는 흔들리게 돼. 혼란이 거듭되면서 가장 고통을 받는 건 백성들이었어. 권력을 차지하려는 자들의 횡포를 견뎌야 했고, 굶주림과도 싸워야 했지. 그동안 신분에 억눌려 있던 백성들은 분노를 터트리며 들고 일어났단다.

고려

└ 1126년
이자겸이
난을 일으킴

└ 1127년
묘청의
서경 천도 운동

└ 1145년
김부식이 〈삼국사기〉
완성

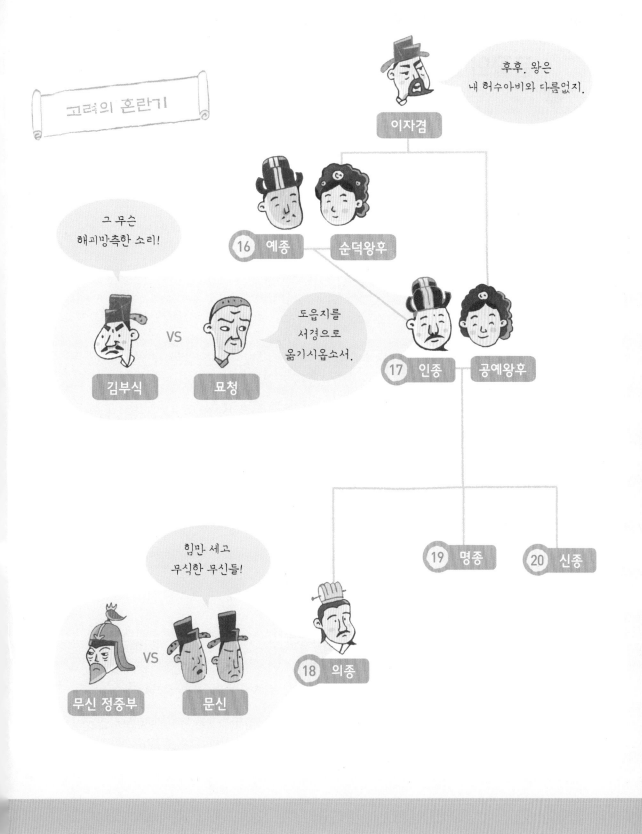

1170년
무신들이
정변을 일으킴

1176년
망이 망소이가
난을 일으킴

1196년
최씨 정권 시대 열림

1198년
노비 만적이
난을 일으킴

몽골의 침입과 천도

몽골(원)

황룡사 9층탑 소실

항전을 위해
도읍을 강화로 옮김

삼별초의 최후 항쟁

→ 몽골의 침입
→ 삼별초의 항쟁

▲ 몽골과의 전쟁

　　1231년에 몽골이 쳐들어오기 시작하면서 몽골은 무려 여섯 차례에 걸쳐 고려를
침략해 와. 전쟁을 피해 최씨 정권은 도읍지를 강화도로 옮겼고, 육지에 남은 농민
과 천민들은 몽골과 맞서 싸우게 되지. 하지만 전쟁이 약 40년 동안 이어지면서 고
려는 더 이상 버티지 못하고 몽골과 평화조약을 맺으며 도읍지를 다시 개경으로 옮
겨. 이때부터 약 60년 동안 고려는 원나라가 된 몽골의 간섭을 받게 된단다.

고려

1231년

몽골의 고려 침입

1232년

도읍지를 개경에서
강화도로 옮김

<

원나라 간섭기의 고려 왕들

23 고종 — 휴! 강화도로 도망쳐서 살았어. 어서 팔만대장경을 만들라 해야지.

24 원종 — 최씨 정권이 끝났군. 도읍도 개경으로 다시 옮기자.

25 충렬왕 — 나는 원나라 황제의 사위요.

26 충선왕

27 충숙왕

28 충혜왕

기철 — 누나가 원나라의 황후인데 뭐가 무섭겠어?

29 충목왕   30 충정왕   31 공민왕

—1251년
팔만대장경 완성

—1270년
도읍지를 개경으로
다시 옮김

—1285년
일연 〈삼국유사〉 펴냄

고려의 멸망

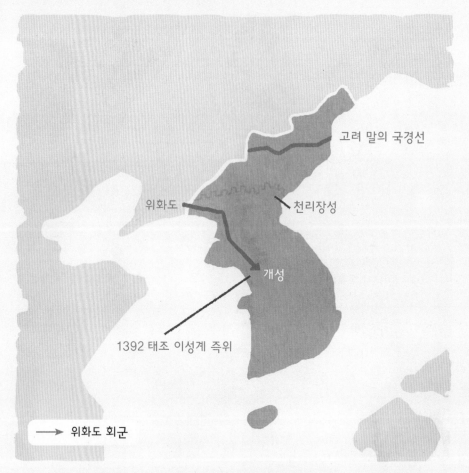

▲ 위화도 회군과 조선의 건국

    이성계는 왕의 명령을 받아 요동 정벌에 나서지만 위화도에서 군사를 돌려 개경을 공격해. 반란을 일으킨 거지. 군사의 힘을 얻어 최고의 권력을 얻은 이성계는 부패하고 타락한 고려를 뒤엎고 새 나라를 세울 꿈을 꿔. 이들은 고려를 다시 일으키려 하는 세력과 팽팽하게 맞서다가 결국 이 세력의 대표인 정몽주를 없애고 말지. 이렇게 고려는 500년의 역사를 끝내고 새 나라 조선이 들어선단다.

— 1351년

공민왕 즉위

— 1363년

문익점이 원나라에서
목화씨를 가져옴

— 1377년

최무선에 의해
화통도감 설치

고려

고려 말의 사람들

원나라 추방!
기씨 집안 추방!
신돈, 날 도와주시오.

전하의 뜻이라면
따라야지요.

백성에게 땅과 신분을
되돌려 주어야 합니다.

신돈

㉛ 공민왕 노국공주

이성계가 위화도에서
돌아오더니
날 내쫓았어..

고려가 살려면
요동을 정벌해야 한다.

요동 정벌은
불가하오.
군사를 돌려
개경으로 가자!

최영 VS 이성계

㉜ 우왕

이런들 어떠하리
저런들 어떠하리.

임 향한 일편단심이야
가실 줄이 있으랴.

이성계가 나도
내쫓았어······.

㉝ 창왕

 이방원, 이성계 VS 정몽주

고려의 마지막
왕이 되다니!

㉞ 공양왕

조선 일제강점기 대한민국

└ 1388년
이성계의
위화도 회군

└ 1392년
고려가 멸망하고
이성계가
조선을 세움